法學啟蒙叢書

民法系列 ——

契約之成立與效力

■ 杜怡靜 著

三民書局

國家圖書館出版品預行編目資料

契約之成立與效力／杜怡靜著.－－初版一刷.－－
臺北市：三民，2006
　　面；　　公分.－－(法學啟蒙叢書)
　　ISBN 957–14–4567–3　(平裝)

　　1. 契約(法律)

584.31　　　　　　　　　　　　　　　　　95013442

© **契約之成立與效力**

著作人　　杜怡靜
發行人　　劉振強
著作財　　三民書局股份有限公司
產權人　　臺北市復興北路386號
發行所　　三民書局股份有限公司
　　　　　地址／臺北市復興北路386號
　　　　　電話／(02)25006600
　　　　　郵撥／0009998–5
印刷所　　三民書局股份有限公司
門市部　　復北店／臺北市復興北路386號
　　　　　重南店／臺北市重慶南路一段61號
初版一刷　2006年9月
編　　號　S 585640
基本定價　肆　　元
行政院新聞局登記證局版臺業字第○二○○號

ISBN　957–14–4567–3　　(平裝)

http：// www.sanmin.com.tw　三民網路書店

序

　　《契約之成立與效力》一書之誕生，乃源於三民書局一系列法學啟蒙叢書企畫案而開始。而本書，將契約體系作一番簡要之整理與闡敘。本書盡量以簡潔之文字、生活化之案例，希望以深入淺出之方式引導習法者能領略出契約法之奧妙與樂趣。

　　吾人濫竽教席將近七年，於教學相長之際，深刻體會到民法領域之浩瀚無垠，因此一般無論法律或非法律系學生，學習民法往往偏重法條文義解釋，缺乏體系學習；即學習上偏重點的學習，欠缺關於面的學習，因此所得到的觀念較為零碎與片面。有鑑於此，本書雖以契約基本理論為主，但期能打破民總、債總、債各之藩籬，以較為全面之角度，引進學生進入契約法之殿堂。或許本書上有不足之處，仍祈先進不吝斧正。

　　最後本書之完成，除了感謝三民書局之鼎力支持之外，臺北大學博士班學生謝文欽、碩士班學生廖心儀、蘇春維同學，以及輔仁大學研究生蔡文玲之鼎力協助，在此謹致謝意。同時本書撰寫之際，感謝慈母與外子替我照顧稚齡之小女，使得本書因而得以順利完成。

杜怡靜

2006 年 8 月 9 日

民法系列——
契約之成立與效力

目 次　Contents

序

第 1 章　緒　章

第 2 章　契約之成立

第 **3** 章　契約之效力

第 **4** 章　契約之解除與終止

第 5 章　契約法之新趨勢

附　錄

第 1 章

緒　章

第一節　導　論

　　契約乃吾人日常生活中最基本且最重要之法律行為，舉凡一切食衣住行育樂等，均與契約脫離不了關係。例如我們每日幾乎都會到超市或便利商店購買食物（買賣契約）、我們住的房子可能係租來的（租賃契約），上班上學搭乘公車或捷運（運送契約）、放假去看電影聽音樂會（承攬契約）等無一不是契約行為，因此對契約法之基本認識與理解，實為現代人不可或缺之常識。而本書之目的，除了建立習法者對契約法之入門之外，更希望建立一般人對契約法之基本觀念；故在用語上及實例上儘量貼近一般日常用語，以減少一般人對法律書籍之刻板印象與隔閡。

　　本書主題雖以契約之成立與效力為主要內容，但由於契約法之內容甚廣，所涉及者不僅止於其契約要件與效力之分析，甚至可能涵蓋民法總則（契約主體之意思表示、行為能力等問題）、債總（要約與承諾）、物權（債權契約與物權契約）、與債編各論（各種典型契約）甚至親屬（身分契約）等問題；但由於篇幅有限，對於契約之基礎問題，如意思表示、行為能力等與民法總則之基礎概念有關者，暫不於本書中深究。故研習本書者，建議已經具備民法總則之基礎觀念者，再行閱讀本書效果較佳。

　　次就本書之主要論點而言，基本上除了對於契約之成立與效力，於學理上、文義上之分析外，並兼顧實務見解之介紹，以供讀者相互比較參考。另外由於科技進步所引發交易現況之改變，使得傳統契約理論亦受到影響；例如網路交易之盛行，對契約理論所造成之影響，即產生所謂電子契約之問題與現行契約理論相關等問題，對此，於本書中另闢專章予以討論，此為本書特色之一；此外，對於民法債編修正後所增訂規定與契約有關者亦會特別加以分析檢討，如民法第 245 條之 1 關於締約過失之問題等，本書對之亦有闡述。

　　為使讀者對本書理論之闡述有一概括之了解，以下將本書大致理論重

點流程以圖示說明之：

圖 1-1　契約之成立

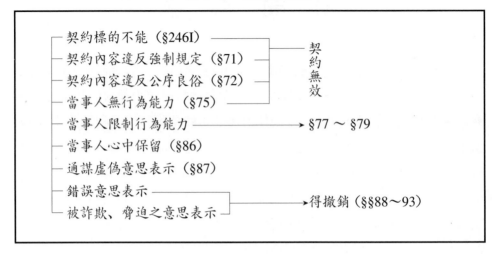

圖 1-2　契約之意思表示

一、原則：意思表示合致

　　甲（要約之意思表示）　到達　乙（承諾之意思表示）

　　當乙之承諾之意思表示到達要約人甲時

　　契約即成立

二、例外

　　┌ 意思實現
　　├ 交互要約
　　├ 事實上契約
　　└ 懸賞廣告

第二節 前 言

　　債之發生原因❶，依民法債編總論共計有五種，即代理權之授與、契約、無因管理、不當得利及侵權行為，而代理權之授與因不發生債之關係，故學者多認為並不屬債之發生原因❷。而契約行為，則係債之發生原因中最重要之類型。

　　契約為一法律行為，以意思表示為基本要素。廣義之契約，係指一切以發生私法上關係為目的之意思合致的行為，其內容包括以發生債之關係為目的之債權契約、以發生物權或其他權利直接變動為目的之物權契約、及以發生身分法上之關係為目的之身分契約。而狹義之契約，則係指以發生債之關係為目的之債權契約。故於本書中所稱之契約，若未特別指明，均指狹義之債權契約。至於物權契約及身分契約，由於在民法上並無如債權契約為一原則性規範，故在解釋上，僅在物權編或親屬繼承編未為特別規定，且不違背其契約本質之前提下，類推適用債編總論關於契約之相關規定。

---

❶ 邱聰智，《新訂民法債編通則（上）》，輔仁大學法學叢書，2000 年 9 月新訂一版，pp. 27～28；債之發生原因為數頗多，包括契約行為、單獨行為、共同行為、無因管理、法定事務管理，及其他法定事由。

❷ 邱聰智，前揭《新訂民法債編通則（上）》，p. 26。梅仲協，《民法要義》，作者自版，1970 年十版，p. 105。洪遜欣，《中國民法總則》，作者自版，1981 年，p. 52。胡長清，《中國民法債篇總論》，臺灣商務印書館，1977 年三版，p. 64。王伯琦，《民法債篇總論》，作者自版，1958 年二版，p. 213。

試說明下列甲之行為的法律效力：

A. 十八歲之甲為七歲乙的叔叔，因乙父母臨時有事託甲到家照顧乙，問甲與乙父母間之法律關係如何？

B. 甲贈送乙一臺兒童用的腳踏車。

C. 甲以機車載乙出去玩不慎摔車導致乙受傷。

D. 甲以乙父母代理人之身分送乙就醫。

E. 乙將其所有之撲滿（內已經存有 1,000 元）送給甲，甲將此錢用於修理其機車。

解　析

A.依題旨所示，乙之父母因臨時有事而託甲到家照顧乙，甲受乙之父母所託而照顧乙，此時乙之父母與甲之間成立之法律關係應為委任契約，然依民法第 13 條第 2 項，甲為限制行為能力人（本題未明示甲是否已結婚，故以未結婚論其法律行為所生之債之關係），依民法第 79 條，限制行為能力人所為之契約行為於其法定代理人事前允許或事後承認之前，屬於效力未定狀態，準此，於甲之父母明確表示同意與否之前，甲與乙父母之間成立之委任契約應屬效力未定。

B.依民法第 12 條及第 13 條第 2 項條規定，甲為限制行為能力人，其所為之契約，依民法第 79 條之規定，須得法定代理人事前允許或事後承認始生效力；另依民法第 13 條第 1 項之規定，乙為一無行為能力人，依民法第 75 條規定，其所為之意思表示或受意思表示無效，然有學者認為無行

能力人可類推適用民法第 77 條後段之規定，使無行為能力於純獲法律上之利益，或依其年齡及身分，日常生活所必需而所為之意思表示或受意思表示為有效。

本題中，甲所為之贈與契約依民法第 79 條規定，在其法定代理人為承認之前係效力未定，然因甲所為之贈與對乙而言乃係純獲法律上之利益，故依前述學說的看法，其受贈之意思表示為有效；因此，該如何判斷甲之贈與契約之效力，實生疑問。本文以為，不論係限制行為能力人或無行為能力人，法律皆認為其尚未有足夠的生活經驗與智能判斷其為法律行為所生之效果，故特別規定其所為之法律行為效果以保護之，雖然有學者見解認為，乙可類推適用民法第 77 條後段而使受贈與之意思表示有效，但衡量民法亦有保護限制行為能力人之規定，且若依民法第 79 條使甲所為之贈與行為居於效力未定狀態，則對乙而言，只是使乙未取得原本非屬於乙的利益罷了，並未對其產生損害，因此衡量雙方利益後，應認本題中甲所為之贈與契約應屬效力未定，若乙之法定代理人依民法第 80 條，在法定期限內向甲之法定代理人催告而受拒絕承認或擬制拒絕承認之回答，則甲所為之贈與行為自始無效。

C.甲雖係一限制行為能力人，但其對乙所造成之侵害並不因此而受任何影響，蓋因侵權行為乃係一事實行為，不以有行為能力為必要，故甲只要於行為時具有識別能力，並具備民法第 184 條第 1 項前段之要件時，即須對乙負損害賠償責任。本題中甲因過失而造成乙之身體受到損害，且甲之侵害行為與乙之身體受到損害之間具備因果關係，故甲依民法第 184 條第 1 項前段，須對乙負損害賠償責任。

D.依民法第 104 條之規定，代理人所為或所受意思表示之效力，不因其為限制行為能力人而受影響，此乃因代理所為之意思表示或受意思表示乃係對本人發生效力，於代理人本身並無不利，因此限制行為能力人仍得為他人之代理人。是故，於本題中，若甲如得乙父母之授權，甲可為乙之父母之代理人，而與醫院間就乙之醫療照護成立委任之法律關係。

E.乙係一無行為能力人，依民法第 75 條前段之規定，其所為之意思表

示無效，雖該撲滿內之 1,000 元可認為係其法定代理人允許其處分之財產，但由於民法第 84 條僅係針對限制行為能力人所為之規定，無行為能力人不為此條所規範之對象，且無行為能力人之心智發展尚未成熟，故法律特別規定民法第 75 條以保障其權益，是故無行為能力人所為之意思表示一律無效，不能類推適用民法第 84 條之規定。因此，本題中乙對甲所為贈與 1,000 元之意思表示，依民法第 75 條之規定為無效，因此乙之法定代理人可依第 179 條之規定，代理乙向甲主張不當得利，但由於甲已將該筆金錢使用於修理機車，因此甲無法為利益原形之返還，依民法第 181 條但書規定，甲應償還其價額。

第2章

契約之成立

第一節　契約之意義

一、契約之意義

　　所謂契約，係基於雙方當事人合意而生私法上法律效果之一種法律行為。契約，為兩個以上互為對立之意思表示（要約與承諾）所構成，而當二個意思表示合致時，契約即為成立。

二、契約之原則——契約自由

　　所謂契約自由之原則係指，契約之雙方當事人依其自由意思決定其彼此間契約之法律關係，此為民法之基本原則。而契約自由其內容為締約自由、相對人自由、內容自由、變更或廢棄之自由、方式自由❶等。例如甲想要向乙租屋，乙基於契約之締約自由或相對人自由，可以選擇租或不租給甲；即使乙願意租給甲，關於租賃契約之內容雙方可以自由決定，只要不違反法律強制規定❷（民法第 71 條）或公序良俗者（民法第 72 條），雙方可自由決定租約之內容與方式（但限於租約為一年內之租約雙方可自由選擇是否要訂立書面契約）❸。此外亦可自行約定租約終止或解除之事由

---

❶　王澤鑑，《債法原理第一冊》，作者自版，1999 年 10 月增訂版，p. 80。

❷　於租賃契約不得違反民法第 449 條租賃期間之強制規定。

❸　依民法第 422 條：「不動產之租賃契約其期限逾一年者，應以字據訂立之，未以字據訂立者，視為不定期限之租賃」。

（但應注意不得違反土地法第 100 條、第 103 條之規定）。

1.契約自由原則之流弊及修正

近代私法因承認人人均為獨立平等之人格，得以自由意志處分其財產及權利，而此項原則反映在契約法上，確立了只有依個人與個人間的意思合致，才能成立契約關係。而契約自由原則亦造就了資本主義及自由經濟的發展，在大企業與資本主義的結合下，使得契約自由原則，逐漸成了大企業或社會的經濟強者的保護傘。在契約自由的原則之下，往往僅大企業一方能決定契約之內容，經濟上的弱者僅有決定接受與否之權利，且常陷於不得不同意的地步。此種依當事人一方片面決定契約內容，他方當事人僅有表示同意而成立之契約稱為「附合契約」或稱「定型化契約」，此類契約對另一方當事人而言，限制了其締約自由以及決定契約內容自由之權利。又此類契約為企業經營者濫用其經濟、資訊或專業上之優勢地位，制定有利於己之契約內容，而不利於他方當事人。因而契約自由原則演變成經濟優勢地位者（企業經營者）壓榨經濟弱勢族群（消費者）之工具，而造成社會不公平之現象，因此產生了對契約自由原則修正的概念。

2.契約自由原則之修正

契約自由原則最主要者有兩大內涵：一為締約與否的自由；二為締約內容的自由。而契約自由的修正，亦從此兩大內涵出發：

(1)就締約與否自由之修正

就某些特定之契約關係，強制其締約。以下列舉幾種情形分述之：

A.對於公用或公營事業課以承諾之義務

如醫師法第 21 條規定，醫師對於危急之病人，應即依其專業能力予以救治或採取必要措施，不得無故拖延。

B.對於經濟上的弱者，當其要約時，他方非有正當理由不得拒絕

如耕地三七五減租條例第 20 條規定，耕地租約於租期屆滿時，除出租人依本條例收回自耕外，如承租人願繼續承租者，應續訂租約。

C.基於社會福利政策之考量，強制人民締約

如強制汽車責任保險法第 6 條規定，應訂立本保險契約之汽車所有人

應依本法規定訂立本保險契約。軍用汽車於非作戰期間，亦同。

　(2)就締約內容自由之修正

　　　A.民法中的強制規定，均屬就締約內容自由之修正。如公序良俗條
　　　　款（民法第 72 條）、最高利率的限制等（民法第 205 條）。

　　　B.消費者保護法第 12 條及民法第 247 條之 1，就定型化約款無效事
　　　　由之規定。

　　　C.勞動基準法中關於勞動條件的最低保障規定❹。

第二節　契約之種類

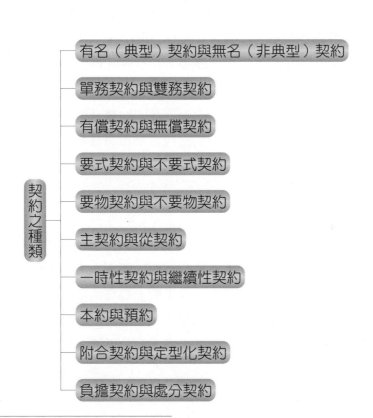

契約之種類

- 有名（典型）契約與無名（非典型）契約
- 單務契約與雙務契約
- 有償契約與無償契約
- 要式契約與不要式契約
- 要物契約與不要物契約
- 主契約與從契約
- 一時性契約與繼續性契約
- 本約與預約
- 附合契約與定型化契約
- 負擔契約與處分契約

---

❹　如勞基法中關於最低工資之規定（第 21 條以下），工作時間之規定（第 30 條
　　以下）、退休之規定（第 53 條以下）等。

契約依各種不同之區別標準可為以下之分類:

一、有名(典型)契約與無名(非典型)契約

所謂有名契約,即立法者將常見之契約類型化,並規範於民法債編各論中且賦予其名稱,亦稱典型契約。民法中之有名契約包括懸賞廣告❺、買賣、互易、交互計算、贈與、租賃、借貸、消費借貸、僱傭、承攬、旅遊、出版、委任、經理人及代辦商、居間、行紀、寄託、運送、承攬運送、合夥、隱名合夥、合會、指示證券、無記名證券、終身定期金、和解、保證、人事保證等,共二十七種。除民法外,特別法中所規定之契約,如海商法之海上運送契約、保險法之各類保險契約,亦屬有名契約。

當事人所訂立之契約如非屬民法或其他特別法所定之契約類型者,則為無名契約,亦稱非典型契約(如租借契約 (lease))。基於契約自由原則,只要不違反法律強制規定或公序良俗,當事人得訂定任何內容之契約。無名契約中,若以有名契約以外之事項為締約內容者,稱純粹無名契約;以上述之有名契約內容事項為契約內容者,為混合契約❻(如製作物供給契約為買賣與承攬之混合契約);以無名契約之內容事項與有名契約之內容事項為契約內容者,為準混合契約。

二、單務契約與雙務契約

以契約當事人間是否互負對價給付,區分為雙務契約與單務契約。即雙方當事人如互負對價關係之義務者為雙務契約;如僅一方負有對價關係之義務者為單務契約。所謂對價關係,係指主觀上雙方當事人所為給付互相依存,互為因果,而有報償關係,非指雙方當事人所為給付在客觀上有同一價格之謂❼。雙務契約並非僅指雙方當事人互負債務,尚須互負之債

---

❺ 懸賞廣告在修法前,曾有單獨行為說與法律行為說之爭議,若採契約行為說,則懸賞廣告亦應屬典型契約之一種。

❻ 王澤鑑,前揭《債法原理第一冊》,pp. 122～124,將非典型契約區分為下列三種:純粹非典型契約、契約聯立及混合契約。

務具有對價關係始足當之。如何判斷雙方當事人之給付是否有對價關係，即雙方之給付是否互相依存、互為因果、而有報償關係，通常依契約成立時雙方義務狀態判定之：如契約成立時雙方之義務即已發生，且該義務係因契約成立而發生，非因契約成立後之特定事由始發生者，雙方之義務具有不可分性且同為該契約之必要者，多屬雙務契約。典型之雙務契約有買賣、租賃、互易、僱傭等，而典型之單務契約則為贈與契約。

另，雙務契約，依其雙方給付之關係又可分為完全雙務契約及不完全雙務契約。完全雙務契約係指一方所為之給付，即在獲取他方之對待給付；而不完全雙務契約，則指雙方雖各負有給付義務，但兩者之給付義務並不具有給付及對待給付之關係。典型之雙務契約，如買賣、互易、租賃、僱傭、承攬等，多屬完全雙務契約，而不完全之雙務契約，則有無償之委任、無償之寄託契約❸。區別雙務契約與單務契約之主要實益為，雙務契約有同時履行抗辯及危險負擔之問題，單務契約則無。

三、有償契約與無償契約

契約之雙方當事人因互為給付而取得對價之利益者，為有償契約，如未因而取得對價之利益者，為無償契約。即，凡在契約成立時起至契約效果所生之債權內容實現為止，雙方當事人因互為給付而取得對價之利益者，即為有償契約。比照有償契約與雙務契約之概念可知，有償契約之範疇較雙務契約廣泛，雙務契約不僅要求雙方當事人因互為給付而取得對價利益，更要求該給付具有對價關係，是以，雙務契約必為有償契約，有償契約則不必然為雙務契約。如約定利息之消費借貸契約，貸與人雖因該消費借貸契約而取得對價之利益（利息部分），但該利息係發生於契約成立後之存續期間內，而雙方所負之給付義務對立且具有對價關係，故消費借貸契約屬有償契約，但非雙務契約。又，贈與契約必為無償契約，縱為附負擔之贈與，該負擔仍屬契約之附款，非贈與人因給付所取得之對價，故屬無償契

---

❼ 孫森焱，《民法債編總論上冊》，作者自版，1999 年 10 月修訂版，p. 41。

❽ 王澤鑑，前揭《債法原理第一冊》，p. 161。

約，且為單務契約。

有償契約與無償契約之區別實益主要有：除有特別規定者外，有償契約準用買賣契約之規定（民法第 347 條）；有償契約之債務人通常須負抽象輕過失之責，無償契約之債務人僅須負具體輕過失之責（民法第 535 條）；詐害債權之撤銷權，因無償行為或有償行為而有不同之要件規範（民法第 244 條）；限制行為能力人若為無償行為之意思表示，因屬純獲法律上利益，則無須其法定代理人之同意（民法第 77 條）。

四、要式契約與不要式契約

須具備特定方式始得成立之契約者，為要式契約，若契約之成立無須踐行一定之方式者，為不要式契約。民法上關於契約成立方式以不要式為原則，要式為例外。民法中所定契約中屬要式契約者有：期限逾一年之不動產租賃契約（第 422 條）、終身定期金契約（第 730 條）、人事保證契約（第 756 條之 1）、結婚（第 982 條第 1 項）、收養（第 1079 條第 1 項）、以負擔不動產物權之移轉、設定或變更之義務為標的之契約（第 166 條之 1，但應注意，此條文尚未正式施行，故此等契約依現行法律仍屬不要式契約）等。

要式契約依其要式之原因可分為法定要式契約及意定要式契約兩種，亦即，除法定要式契約外，當事人亦可合意將原屬不要式之契約，約定為以踐行特定方式始得成立之要式契約。法定要式契約違背法定要式者，原則上依民法第 73 條之規定，契約無效，但法律另有規定者（如民法第 166 條之 1、第 422 條），不在此限。意定要式契約違背意定方式者，依本法第 166 條之規定，推定契約不成立。

此外，要式契約依其要式程度之強弱，又可分為一般要式契約及高度要式契約，一般要式契約係指契約成立須踐行特定方式，該特定方式通常為書面，至於何種書面形式則不要求；而高度要式契約則要求踐行特定之書面形式，如須經公證之契約（民法第 166 條之 1），及保險法中之保險契約，本書即以為應屬高度要式契約❾。

五、要物契約與不要物契約

除須雙方當事人意思表示合致外，尚須具備其他現實成分（主要指標的物之交付）契約始成立者，為要物契約❿。反之，只須意思表示合致即可成立之契約，即為不要物契約，或稱諾成契約。多數之契約屬諾成契約，如買賣、租賃、委任、保證等，均不以物之交付為契約成立之要件。而要物契約則有借貸、消費借貸、寄託、消費寄託等，均須嗣當事人交付契約標的物後，契約始為成立。民法於 88 年 4 月修正前，贈與契約是否為要物契約曾有爭議，但該爭議已因新法之修訂而告終止⓫，依現行民法之規定，贈與契約為一諾成契約，僅須當事人合意即可成立。

六、主契約與從契約

不以他契約存在為成立前提即能獨立存在之契約，為主契約，從契約

---

❾　保險契約為非要式契約，已為實務及國內學者通說之見解，但此係以保障被保險人之立場出發所為之結論，惟如依保險法第 43 條：「保險契約，應以保險單或暫保單為之」的文義觀之，再加上保障被保險人亦應考慮到整個危險團體等理由，余意以為，保險契約應為要式契約，且為僅能以保險單或暫保單之特定方式為之的高度要式契約。

❿　該定義請參王澤鑑，前揭《債法原理第一冊》，p. 136。亦有學者定義為「以標的物之交付為契約成立要件之契約」，參孫森焱，前揭《民法債編總論上冊》，p. 44。

⓫　修法前，民法第 407 條規定：「以非經登記不得移轉之財產為贈與者，在未為移轉登記前，其贈與不生效力。」據此規定，最高法院 41 年臺上字第 175 號判例謂：「以非經登記不得移轉之財產為贈與者，在未為移轉登記前，其贈與不生效力。」主張此種贈與契約之移轉登記，為該契約之特別生效要件，在該移轉登記完成前，契約不生效力。惟學者多主張贈與契約為諾成契約，該移轉登記僅為契約履行之問題，非契約生效與否之問題，故認為實務上述見解顯係將契約之成立要件與生效要件二者混淆。惟修法後，立法者已採學者之見解，將上述條文刪除，並於修正理由中明白指出贈與契約屬諾成契約，僅須雙方當事人意思表示合致，契約即為成立。

則以他契約存在為前提，方能存在。主契約為能獨立存在之契約，從契約
則以主契約存在為前提，故主契約如因無效或撤銷而消滅者，則從契約亦
隨之消滅 ⓬。但從契約若因無效或撤銷而消滅，除當事人間另有約定外，
主契約仍能獨立存續；例如保證契約與其所擔保之主契約（如消費借貸為
主契約），當主契約之消費借貸契約因意思表示瑕疵（錯誤或被詐欺）而被
撤銷時，從契約之保證契約亦歸於消滅；但如保證契約因意思表示瑕疵被
撤銷卻不影響已經有效成立之主契約，但應注意民法第 743 條之例外規
定 ⓭。

七、一時性契約與繼續性契約

　　一時性契約，指契約之內容，因一次性給付即可實現者，如買賣、贈
與等。反之，契約之內容，須當事人長期繼續為給付始可實現者，是為繼
續性契約，如租賃、委任、承攬等勞務契約。

八、本約與預約

　　本約即指該契約內容已就契約成立必要之點為約定之契約，預約則為
以訂立本約為契約內容之契約類型。預約係約定將來訂立一定契約（本約）
之契約，倘將來係依所訂之契約履行而無須另訂本約者，縱名為預約，仍
非預約 ⓮。預約權利人僅得請求對方履行訂立本約之義務，不得逕依預定
之本約內容請求履行 ⓯。又，究竟為本約或係預約，應依其情事解釋當事

⓬　稱為保證契約之從屬性，詳見黃立主編，《民法債編各論（下）》，元照出版公
　　司，2002 年初版，p. 583。

⓭　民法第 743 條：「保證人對於因行為能力之欠缺而無效之債務，如知其情事而
　　為保證者，其保證仍為有效」。

⓮　最高法院 64 年臺上字第 1567 號判例：「預約係約定將來訂立一契約（本約）
　　之契約。倘將來係依所定之契約履行而無須另訂本約者，縱名為預約，仍非預
　　約。」

⓯　最高法院 61 年臺上字第 964 號判例：「契約有預約與本約之分，兩者異其性質
　　及效力，預約權利人僅得請求對方履行訂立本約之義務，不得逕行依預約之內

人之意思定之，不得謂凡有定金之授受者，即一概視為已成立預約❻。我國民法除於親屬編（民法第 972 條）關於婚約（結婚之預約）有所規定外，債編中並無關於預約之一般規定，但於民國 88 年增訂了使用借貸與消費借貸此兩種要物契約之預約。除此之外，有學者認為基於契約自由原則，其他之契約應承認其有成立預約之必要❼。

九、附合契約與定型化契約

在契約自由原則之下，只要不違反公序良俗或強制規定，當事人應有訂立任何契約內容的自由。惟為因應大量交易時代之來臨，遂出現所謂附合契約或定型化契約。此類契約係由當事人一方預定用於同類契約之條款而訂定之契約。因此類契約之內容大多由經濟上、資訊上強勢之一方（企業經營者）所訂定，對於弱勢一方常加重其權利義務，或減輕他方之權利義務，且弱勢之當事人多僅得選擇締約或不締約，而無法就契約內容加以磋商，是以，在契約自由社會化的演變下，各國立法例就定型化契約開始有所約束，如將誠實信用原則、公平原則的導入，使定型化契約在契約自由原則下，仍受有一定的拘束，藉以保障社會弱勢之一方。就此，我國法於民法第 247 條之 1 規定：「依照當事人一方預定於同類契約之條款而訂定之契約，為左列各款之約定，按其情形顯失公平者，該部分約定無效：

　1. 免除或減輕預定契約條款當事人之責任者。

　2. 加重他方當事人之責任者。

　3. 使他方當事人拋棄權利或限制其行使權利者。

　4. 其他於他方當事人有重大不利益者。」

此外，於消費者保護法第 11 條至第 17 條中❽，亦對於定型化契約有

　　容請求履行。」

❻　最高法院 70 年臺上字第 1474 號判例。

❼　黃立，《民法債編總論》，元照出版公司，1999 年 10 月二版，p. 48。

❽　消保法第 11 條為關於定型化契約解釋之原則，第 11 條之 1 賦予消費者對於定型化契約具有審閱期間，第 12 條為定型化契約條款為無效之情形，第 13 條為

所規範。

於民法稱為附合契約與消費者保護法之定型化契約形式上之名稱雖有不同，但實質上卻相同。只不過民法為一般法之性質，適用對象為民法上之人（包含自然人與法人），而消保法為民法之特別法，故適用對象限於「消費者與企業經營者間所訂之定型化契約」，故在適用對象上，消保法範圍較狹隘。

十、負擔契約與處分契約

負擔契約，係指以承擔給付義務或取得請求權為目的之契約，民法債編總論中之有名契約均屬之，如買賣、互易、贈與、租賃、借貸、僱傭、承攬、委任等；處分契約則指直接引起權利變動之契約，如物權契約、準物權契約 ❶。負擔契約與處分契約之區分實益主要為，無代理權而為負擔契約者，該契約仍屬有效，僅為履行可能與否及權利瑕疵擔保之問題；無處分權而為處分契約者，則為無權處分，依民法第 118 條之規定，該處分契約屬效力未定。

企業經營者應明示定型化契約條款之規定，第 14 條為企業經營者未依第 13 條明示定型化契約條款時之效力，第 15 條為定型化契約條款與個別磋商條款牴觸時之效力，第 16 條為定型化契約條款全部或一部無效之效力，第 17 條為主管機關對於定型化契約之監控權。

❶ 物權契約即指以設定、變更物權為目的之契約，如設定抵押權之契約；準物權契約則指以設定、變更準物權為目的之契約，如民法第 294 條之債權讓與契約、第 300 條、第 301 條之債務承擔契約。

第三節　契約之成立

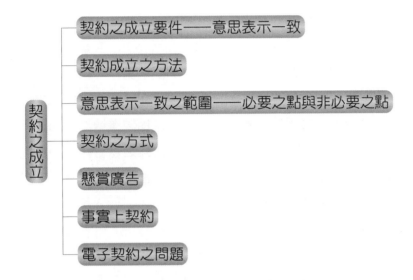

契約之成立
- 契約之成立要件——意思表示一致
- 契約成立之方法
- 意思表示一致之範圍——必要之點與非必要之點
- 契約之方式
- 懸賞廣告
- 事實上契約
- 電子契約之問題

一、契約之成立要件——意思表示一致

　　契約本為一種以意思表示為要素的法律行為，因雙方當事人意思表示合致而成立，只要不違反公序良俗（民法第72條）或強制規定（民法第71條），基於契約自由原則，當事人原則上均可選擇締約與否、與何人締約、及締結何種內容之契約。

　　契約亦屬法律行為之一，是以，法律行為成立之一般要件，契約自亦須具備。法律行為之一般成立要件有三：當事人、標的、意思表示。上述三者為法律行為成立之一般要件，契約本須具備固無疑問，惟契約成立有別於一般法律行為成立之要件，即為契約係基於當事人合意而成立，即學理上所稱之意思表示合致。由民法第153條第1項規定：「當事人互相表示意思一致者，無論其為明示或默示，契約即為成立。」可知，契約除因其身

為法律行為須具備之一般成立要件外,尚須雙方的意思表示一致始得成立。

　　當事人明示之意思表示一致通常最為常見, 也較無爭議, 惟何謂默示之意思表示, 如何判斷是否究屬默示之意思表示, 或屬意思實現, 或僅為單純之沉默, 學者有謂:「明示者, 以語言、文字或其他習慣使用方法, 直接表示意思, 所為之意思表示方法。默示者, 非以習慣使用方法, 而以其他足以推認效果意思之舉動或情事所為之意思表示方法。單純之沉默, 尚非意思表示之方法。」❷❶可供參考, 而實務見解亦認為, 單純之沉默, 除有特別情事外, 不得謂為默示之意思表示❷❶。如民法第 451 條之租賃契約默示更新, 當租賃契約因期間屆至而終止, 如承租人仍為租賃物之使用收益, 而出租人不即為反對之意思表示者, 視為以不定期限繼續該契約, 學者及實務均以為, 如出租人僅單純的沉默或不表示反對之意思, 尚不構成租賃契約的默示更新, 須出租人另有其他的行為足以推認其默示承租人繼續使用收益該租賃物始足當之❷❷。

二、契約成立之方法

　　當事人意思表示一致, 無論為明示或默示契約均可成立。此之意思表示一致, 須雙方當事人主觀上及客觀上意思表示均為合致始可。所謂主、客觀意思表示合致, 即當事人內心之法效意思, 即其內部之意思表示內容, 須與其實際表現於外之意思表示一致。如誤會他方之意思表示內容而為意思表示者, 因雙方客觀上之意思表示並不一致, 故契約不成立❷❸。

---

❷⓿　王澤鑑, 前揭《債法原理第一冊》, p. 210。

❷❶　最高法院 29 年上字第 762 號判例:「所謂默示之意思表示, 係指依表意人之舉動或其他情事, 足以間接推知其效果意思者而言, 若單純之沉默, 則除有特別情事, 依社會觀念可認為一定意思表示者外, 不得謂為默示之意思表示。」

❷❷　最高法院 46 年臺上字第 1828 號判例:「民法第 451 條所謂出租人不即表示反對之意思, 固不以明示之反對為限, 但若僅於租期屆滿後未收取租金, 則係一種單純的沉默, 尚難認為已有默示反對續租之意思。」邱聰智,《債法各論(上)》, 輔仁大學法學叢書, 1994 年初版, p. 397。

❷❸　邱聰智, 前揭《新訂民法債編通則 (上)》, p. 55。

意思表示一致，有下列三種情形：

㈠要約、承諾一致

即一方為訂約之意思表示，他方允為承諾之意思表示，因雙方意思表示趨於一致而契約成立之方式。此為契約成立最為普遍之方式，故民法之相關規定亦最為詳盡。

1.要約與要約之引誘

要約者，係當事人以喚起相對人承諾為目的所為之意思表示，為一有相對人之意思表示行為。要約既以締結契約為目的，要約之內容自須明確至足以決定契約之內容（不因係以締結本約或預約為目的而有所不同），若行為人所為之要約內容空泛，至多可認為屬要約之引誘，尚不足以認為要約。要約須有相對人，但該相對人為特定或不特定人則無限制，蓋因交易上之需求，要約亦有向社會上之不特定人為之者，如自動販賣機之裝設。

要約之引誘，則是在喚起相對人為要約，尚無直接訂約之意思，如未具體表明契約內容而為訂約意念之表示，目的在引起他人向自己為要約之表示者，即可認為屬要約之引誘。要約之引誘在民法上並無如要約般有形式或實質拘束力，是以，當事人為要約之引誘後，第三人縱因此而為要約，當事人亦無承諾之義務。究為要約或要約之引誘，仍須視實際情形判斷之，而民法於第 154 條第 2 項規定：「貨物標定賣價陳列者，視為要約。但價目表之寄送，不視為要約。」則為民法中關於要約以及要約之引誘之例示規範。由於從該規定仍不能導出要約以及要約之引誘如何區別？故有學者認為原則上應解釋當事人之真意定之，此外其所考慮之因素為：(1)表示內容是否具體詳盡，如具體則可能為要約，否則為要約之引誘。(2)是否注重相對人之性質，如不重視則可能為要約，否則為要約之引誘。(3)要約是否向一人或多數人為之，如向一人則可能為要約，否則為要約之引誘。(4)當事人之磋商過程。(5)交易慣例等❷。故如登報找傭人等因係向多數人為之，而且重視當事人之性質，為一要約之引誘；自動販賣機上所陳列之飲料為一種

❷　王澤鑑，前揭《債法原理第一冊》，p. 175。

要約，雖然自動販賣機之設置係向不特定人為之，但其販賣機上面不但標明賣價且不重視相對人之性質，只要有人投錢，買賣契約即成立**❷❺**。

2.要約之效力

當事人為要約後，即對自己及相對人產生拘束力，以下就要約對要約人及相對人之效力討論之：

⑴對要約人之效力

要約一到達相對人，要約人原則上即應受該要約之拘束。亦即當相對人於相當時期內就該要約為承諾時，契約即為成立，要約人不得拒絕其承諾而主張契約不成立，此即學者所稱之要約的實質拘束力**❷❻**。而要約人亦不得任意撤回、變更或限制其要約內容，此即要約之形式拘束力，亦稱要約之不可撤回性。民法第154條第1項規定：「契約之要約人，因要約而受拘束。但要約當時預先聲明不受拘束，或依其情形或事件之性質，可認當事人無受其拘束之意思者，不在此限。」該條文本文所規定者即為要約之形式拘束力，但要約之拘束力是可以由要約人預先排除者。

所謂要約拘束力的排除，究何所指，因民法第154條第1項所規範者乃要約之形式拘束力，是以，該項但書所排除者亦應屬形式拘束力之排除始屬正確，即其所謂之不受拘束，應指要約人得隨時撤回、變更、擴張或限制要約而言。例如：甲向乙發出要約，要約中願以五萬元出賣其A車給乙，該要約於到達乙處之後，乙如向甲表示承諾購買時此契約即成立，甲不得拒絕乙之承諾。且要約人於發出要約後到達前除非有可撤回（民法第162條）之情形，否則到達之後不得撤回、變更、擴張或限制要約之內容。除非甲事前（發要約之際）向乙聲明，不受拘束則不在此限。此外有些事件之性質，如戲院出售門票，為一要約，但因座位有限，如票已經賣完，

---

❷❺ 學者認為依自動販賣機所為之要約，解釋上以自動販賣機能正常運作且有存貨為條件（解除條件），故自動販賣機故障或無存貨時，要約失其效力，買受人即使投幣，仍不能成立契約，得依不當得利請求返還。王澤鑑，前揭《債法原理第一冊》，p. 174。

❷❻ 同前註。

即可不再受其要約之拘束。

(2)要約對相對人之效力

要約對相對人之效力，即相對人取得一經承諾即可使契約成立之資格或地位，除預先定有預約，或法律有明文規定外，相對人並無承諾之義務，且縱使相對人不願承諾，亦無須通知要約人。

3.要約之失效

要約失效原因有三：承諾期間經過、要約受領人拒絕、要約人撤回其要約。要約並非無效力期間，在要約存續期間內，若要約受領人未為承諾之意思表示者，要約失其效力；而要約之存續期間，若要約人定有承諾期限者，非於該期間內為承諾者，要約失其效力（民法第 158 條）。若未定有承諾期限，對話為要約者，未立時承諾，即失其拘束力（民法第 156 條）；非對話為要約者，依通常情形可期待承諾之達到時期內，相對人不為承諾時，其要約失其拘束力（民法第 157 條）；要約經拒絕者，失其拘束力（民法第 155 條）。

4.承諾與承諾之通知

承諾，係指要約之受領人，向要約人表示其欲使契約成立之意思。承諾與要約同，為有相對人之意思表示。因承諾亦屬意思表示，是以民法中關於意思表示之規定，於承諾亦有適用。對話人為承諾時，其意思表示以相對人了解時發生效力（民法第 94 條）；非對話而承諾者，其意思表示，於通知到達相對人時，發生效力，但撤回之通知先時或同時到達者，不在此限（民法第 95 條第 1 項）。承諾人撤回承諾時，其撤回通知之到達，在承諾到達之後，而按其傳達方法，通常在相當時期內，應先時或同時到達，其情形為相對人可得而知者，要約人非向承諾人即發遲到之通知，其撤回仍生效力，其契約不成立（民法第 163 條、第 162 條第 1 項）。

相對人須於要約存續期間內為承諾之通知，始生契約成立之效力。承諾若逾相當期間內而為通知者，視為新要約（民法第 160 條第 1 項）。將要約擴張、限制或為其他變更而為承諾者，視為拒絕原要約而為新要約（民法第 160 條第 2 項）。例如甲要向乙以 10,000 元買機車，乙希望以 15,000

元賣出，則乙將要約擴張之情形即不能認為已為承諾，而是乙另為一新要約，而視甲是否為承諾。因此買賣雙方如果一直互相討價還價不能妥協時，則視為一直發出新要約，因此契約即無法成立。

5.要約與承諾之撤回

　　要約有其形式拘束力，是以要約人於要約生效後不得任意撤銷、變更或限制原要約，且多數學者以為民法第154條第1項即為形式拘束力之明文規範。所謂撤銷，係指該法律行為已生效，而欲使該行為溯及失效之意思表示，其與對尚未生效之法律行為之撤回不同。故要撤回要約或承諾須在於未生效前方能撤回。依民法第162、163條關於要約及承諾撤回之規定，原則上撤回之意思表示應通知相對人，且要在要約（承諾）到達前或同時到達，但如果撤回要約（承諾）之通知在要約到達之後，則不生撤回要約（承諾）之效力，但撤回通知按其傳達方法，通常在相當時期內先時或同時到達，且此情形為要約人（承諾人）可得而知者，相對人應向要約人（承諾人）即發遲到之通知，否則該要約或承諾撤回之通知視為未遲到。例如：甲以平信通知乙願以10,000元購買（要約）乙所有之電腦，發信之後甲發現丙願以5,000元出賣其所有之電腦，故甲心生後悔，於是立即以限掛通知乙撤回先前之要約，結果撤回要約之限掛於當日上午到達，因乙外出導致乙未收到，如乙雖於當日下午收到要約之通知，而乙於翌日方至郵局領取限掛信，於此種情形，原本甲撤回要約之通知應該會較原本要約通知早到，因乙之事由導致反而較要約通知晚到，故如果乙對甲即發遲到之通知的話，則甲先前所發之要約不生撤回之效力，即要約仍然有效，乙對之有承諾與否之權利；反之若乙對甲不發遲到之通知，則甲其撤回之通知未遲到，甲原本所發出之要約生撤回之效力，故甲不受要約之拘束，乙無法對之為承諾。

㈡要約交錯

　　契約因雙方當事人意思表示合致而成立，此兩個意思表示原則上有先後順序，即在先者為要約，在後者為承諾。惟當事人互為同一內容之要約

時，亦屬有之，如甲、乙間互為以新臺幣 5 萬元購買及出售乙所有之古董花瓶的要約表示，此時，甲、乙間即成立該花瓶之買賣契約。或甲欲將其房屋以每月 5 萬元出租於乙一年，乙亦欲以每月 5 萬元承租該屋一年，雙方互為要約。交錯要約之效力法雖無明文，惟學者多認為雙方意思表示已合致，契約成立要件已具備**❷**，契約應於雙方當事人意思表示到達時已成立，毋庸再拘泥於須他方為承諾時始成立。

㈢意思實現

承諾於通知到達相對人時生效，惟民法第 161 條第 1 項規定：「依習慣或依其事件之性質，承諾無須通知者，在相當時期內，有可認為承諾之事實時，其契約為成立。」此為承諾須通知之例外**❷**，既僅為通知之例外，故關於承諾之其他要件仍應具備，如承諾之法效意思。是以，若行為人主觀上並無承諾之意思，客觀上卻有可認為承諾之事實發生者，仍非屬意思實現。因意思實現而契約成立之要件如下：

1. 習慣或事件之性質，或要約人要約時預先聲明，承諾無須通知

依習慣承諾無須通知者，如直接向旅館訂房，或向電影院購票窗口購票。依事件性質無須通知者，如向自動販賣機購買飲料。

2. 在相當時期內，有可認為承諾之事實

所謂相當時期，並非民法第 157 條所謂：「依通常情形可期待承諾之達到時期」，因承諾無須通知，自無達到時期之可言，時期是否相當，應依契

---

❷ 王澤鑑，前揭《債法原理第一冊》，p. 172。邱聰智，前揭《新訂民法債編通則（上）》，p. 45。洪遜欣，前揭《中國民法總則》，p. 13。史尚寬，《債法總論》，作者自版，1983 年六刷，p. 29。鄭玉波，《民法債編總論》，三民書局，2002 年修訂二版，p. 57。

❷ 王伯琦，《民法債篇總論》，作者自版，1958 年二版，p. 29。亦有學者主張，意思實現不僅為承諾通知之例外，應屬承諾之例外，即若依習慣或依事件之性質，承諾無須通知，在相當時期內，有可認為承諾之客觀事實時，無須有承諾之法效意思，契約即為成立。

約性質、交易慣例及當事人可否推知判斷之。而所謂有可認為承諾之事實，指承諾人主觀上具有承諾意思，客觀上已行使該契約成立所發生之權利，或已履行或準備履行該契約成立所發生之義務者即屬之。是以，若行為人誤以為飯店冰箱中之飲品為免費而飲用，應非意思實現，契約並不成立，惟是否成立不當得利，則屬另一問題。

三、意思表示一致之範圍——必要之點與非必要之點

契約因當事人互相表示意思一致而成立，惟，契約之內容繁多，是否須就各種事項均為一致之意思表示契約始得成立？民法第 153 條第 2 項規定：「當事人對於必要之點，意思一致，而對於非必要之點，未經表示意思者，推定其契約為成立，關於該非必要之點，當事人意思不一致時，法院應依其事件之性質定之。」當事人就契約必要及非必要之點意思表示均為一致，契約成立固無疑義，就必要之點已為意思表示一致，但未表示非必要之點或非必要之點不一致時，推定契約成立，而當事人得舉反證推翻之。是以，如何判斷何謂契約之必要之點及非必要之點，即為判斷契約是否成立之重要關鍵。

在討論必要之點與非必要之點時，可將契約內容分為要素、常素、偶素三者❷❾。所謂要素，指構成契約內容之必要要件，如買賣契約之要素即為一方移轉標的物之所有權，他方支付價金，租賃契約之要素為一方使他方得為物之使用收益，他方支付租金。所謂常素，即在通常情形下會構成契約之內容，但若除去該內容，契約之性質亦不受影響者，關於該內容即屬常素，如買賣契約中的物之瑕疵擔保責任，縱當事人約定不負物之瑕疵擔保責任，該契約仍屬買賣契約。所謂偶素，則指通常並非契約內容，因當事人特以意思表示附加於契約中，使之成為契約之一部分者，該部分即屬偶素，如在契約中附加期限或條件。

---

❷❾　孫森焱，前揭《民法債編總論上冊》，p. 25。

四、契約之方式

　　契約依其是否須具備特定方式始得成立而區分為要式契約和不要式契約，要式契約須具備法定或意定之方式，契約始得成立，不要式契約則無須特定方式亦可成立。契約以不要式為原則，要式為例外，如無法律規定或當事人合意須依特定方式做成，原則上均應解釋為不要式契約。要式契約依其要式的原因又分為法定要式契約及意定要式契約，契約之要式要求係基於法律規定者為法定要式契約，要式之要求係基於當事人間之合意者，為意定要式契約。法定要式契約如未具備特定方式者，依民法第73條，除法律另有規定外，無效；所謂法律另有規定者，如民法第422條、第1193條及票據法第11條等均屬之。意定要式契約如未具備該意定方式者，依民法第166條之規定，推定契約不成立。以下即就民法中較為重要之要式契約說明之：

㈠與不動產有關之契約

1.以不動產物權之移轉，設定或變更之義務為標的之契約

　　民法第166條之1規定：「契約以負擔不動產物權之移轉、設定或變更之義務為標的者，應由公證人做成公證書。」將關於不動產物權設定、變更之債權契約定為法定要式契約，且本書認為，此契約尚應屬高度要式契約，已如前述。惟本條第2項復規定：「未依前項規定公證之契約，如當事人已合意為不動產物權之移轉、設定或變更而完成登記者，仍為有效。」屬於民法第73條中：「法律行為不依法定方式者無效。但法律另有規定者不在此限。」故原本無效情形例外有效者，即因事後當事人依第166條之1第2項，因為已經辦理移轉登記而變為有效，學者認為，此規定乃基於交易安全之維護，以物權契約發生效力作為停止條件，使原本未成立之債權契約因而成立生效❸。

2.期限逾一年之不動產租賃契約

❸　孫森焱，前揭《民法債編總論上冊》，p. 67。

民法第 422 條規定：「不動產之租賃契約，其期限逾一年者，應以字據訂立之，未以字據訂立者，視為不定期之租賃。」不動產租賃契約期限逾一年者，為法定要式契約。

㈡終身定期金契約

民法第 730 條規定：「終身定期金契約之訂立，應以書面為之。」為要式契約之一種。

五、懸賞廣告

㈠懸賞廣告之意義與定位

以廣告聲明對完成特定行為之人給與報酬之法律行為，如某甲登報聲明，對於為其尋回失物或失蹤家人之人給予 10 萬元報酬，為懸賞廣告。懸賞廣告為債之發生原因之一，此點並無爭議，惟由於在修法前，懸賞廣告究屬契約行為或單獨行為仍有爭議，故懸賞廣告是否為一獨立之債之發生原因，不知有懸賞廣告之人，如何解釋其未為承諾卻受懸賞廣告契約之拘束，均為學說爭議。故懸賞廣告在修法前之性質，在學者間有單獨行為說與契約行為說兩種爭議❸，若主張單獨行為者，則懸賞廣告應屬獨立於契約之外之另一債之發生原因，且無須完成行為之人的承諾即可成立，非完全行為能力人亦無須得其法定代理人同意；若主張契約行為者，則懸賞廣告應屬有名契約之一種，與契約屬同一債之發生原因，而若完成行為之人不知有懸賞廣告，即不可能有承諾之意思表示，該懸賞廣告之契約如何能拘束廣告人及完成行為之人，限制行為能力人亦須得其法定代理人之同意始得承諾等。惟，上述爭議已因民法第 164 條之修正而告一段落，參酌民法第 164 條之修正理由：「……又懸賞廣告之性質如何，有單獨行為與契約之不同立法例。我國學者間亦有如是之二種見解。為免理論爭議影響法律

---

❸　王澤鑑，前揭《債法原理第一冊》，p. 286。採契約說者之主要理由為，因其規範於民法債編通則之「契約」中，惟王氏認為以單獨行為說較為可採。

之適用，……爰將第 1 項末段『對於不知有廣告而完成該行為之人，亦同』移列為第 4 項，並將『亦同』修正為『準用之』，以明示本法採取契約說之旨」可知，立法者已將懸賞廣告定位為一契約行為。

　　惟，立法者僅於修正理由中指出採契約行為說，卻對為何採此說之論理未加說明，實屬可惜，且若須就契約說結論下之法條做如此多之例外規定，是否應採單獨行為說較為適當亦有可議 ❸❷。

(二)懸賞廣告之效力

　　懸賞廣告既為債之發生原因之一，債編總論中關於債之共通效力部分，對懸賞廣告自亦有適用，惟該部分留待債之共同效力再說明，本書現僅就懸賞廣告之特殊效力討論之。關於懸賞廣告之效力，本書分為下列三部分說明：

1.就懸賞廣告人而言

　　廣告人為懸賞廣告後，該廣告人對完成廣告聲明中行為之人，負有給付報酬之義務，即，有依懸賞廣告此契約履行之義務。廣告人之給付義務對象為完成廣告聲明中行為之人，若有數人共同或同時完成該行為，則該數人共同取得此一報酬請求權（民法第 164 條第 1、2 項）。

　　另，預定報酬之懸賞廣告，該廣告人於行為完成前得撤回其廣告，但廣告人對於行為人因該廣告善意所受之損害，除廣告人證明行為人不能完成其行為外，應負賠償之責，然其賠償數額以不超過預定報酬為限（民法第 165 條第 1 項）。該條文於修正前之用語為「撤銷」，基於撤銷僅於法律行為已生效後始得為之，且該條之意旨應係阻止懸賞廣告效力之發生，故修正後改採「撤回」一詞。懸賞廣告一經撤回即失其效力，其後縱有指定行為之完成，廣告人亦無給付報酬之義務。但應注意，懸賞廣告若定有完成行為之期間，則推定廣告人拋棄其撤回權，既曰推定，即表示廣告人得以反證推翻其推定，如懸賞廣告上已載明廣告人保留撤回權即是。

2.就完成行為人而言

---

❸❷　王澤鑑，前揭《債法原理第一冊》，pp. 289～291。

完成行為之人即取得報酬請求權，若數人共同或同時完成該行為，依民法第 164 條第 2 項規定，則該數人共同取得報酬請求權。惟所謂共同取得報酬請求權究何所指？有學者以為，應依民法第 831 條之規定，該數人共有該債權，準用物權編共有一節之規定❸；亦有學者主張，若報酬之標的屬可分者，是為可分債權，由行為人平均分受該報酬，若報酬之標的屬不可分者，則為不可分之債，由行為人共同分享，分別適用債之通則中，關於多數債務人及多數債權人一節之相關規定❸。

完成該行為之人若知有懸賞廣告，其完成懸賞廣告聲明之行為可認為屬民法第 161 條之意思實現，其懸賞廣告之契約成立；若完成行為之人不知有懸賞廣告卻完成該行為者，修正前採單獨行為說者，因單獨行為本無須相對人為承諾，是以，並無解釋上之困難。修正後本法採契約行為說，於第 164 條第 4 項規定：「前 3 項之規定，於不知有廣告而完成廣告行為所定行為之人，準用之。」

3.就非最先完成行為但最先通知廣告人之受有報酬之人而言

懸賞廣告之報酬請求權屬於最先完成廣告行為之人，此點並無例外，惟，當廣告人善意相信最先通知之人為最先完成行為之人而給付其報酬時，其間之法律關係如何？依民法第 164 條第 3 項之規定：「前項情形，廣告人善意給付報酬於最先通知之人時，其給付報酬之義務，即為消滅。」該廣告人得依此對最先完成行為之人主張，其給付報酬之義務已消滅，該最先完成行為之人不得再向廣告人主張報酬請求權，惟，因該報酬仍應屬最先完成行為之人，非最先完成行為之人雖最先通知廣告人，但仍不能終局保有該報酬之利益，是以，最先完成行為之人得依不當得利之相關規定，向最先通知而受有報酬之人請求返還該報酬。

(三)懸賞廣告之撤回

依民法第 165 條之規定：「預定報酬之廣告，如於行為完成前撤回時，

---

❸　王澤鑑，前揭《債法原理第一冊》，pp. 187～188。

❸　孫森焱，前揭《民法債編總論上冊》，p. 77。

除廣告人證明行為人不能完成其行為外，對於行為人因該廣告善意所受之損害，應負賠償之責。但以不超過預定報酬額為限。廣告定有完成行為之期間者，推定廣告人拋棄其撤回權。」是以，廣告無預定報酬者，廣告人得自由的撤回其廣告，無須負賠償責任；廣告有預定報酬者，則須先視其有無定有完成行為之期間，若定有完成行為之期間者，則推定廣告人拋棄其撤回權，但廣告人得舉反證推翻之，如廣告人已於廣告上明定保留撤回權，若未定有完成行為期間者，廣告人仍得於行為完成前撤回該廣告，只是須就行為人因該廣告善意所受之損害，負賠償之責。行為人若已完成廣告行為者，因該懸賞廣告之契約行為已生效，就生效之法律行為已無撤回之可能。

　　懸賞廣告一經撤回，即失其效力，其後縱有指定行為之完成，亦不取得報酬請求權，縱行為人不知其撤回者亦同。

(四)懸賞廣告與附條件贈與契約之區別

　　若甲與乙約定，如能於今年高中律師，便贈其現金五萬元，此為附條件之贈與。如甲與乙丙丁約定，凡能於今年高中律師者，則贈其現金五萬元，此契約行為究為懸賞廣告或附條件之贈與？筆者認為，懸賞廣告著重於行為本身，凡能完成該行為之人即可取得報酬請求權，至於係由何人完成，則在所不問；而附條件之贈與仍著重於受贈人本身，贈與人僅於受贈人為特定人時始願為該贈與行為。

　　區分懸賞廣告與附條件贈與之實益在於，撤回懸賞廣告與撤銷贈與之要件及法律效果並不相同（民法第 165 條、第 408 條）。如為附條件之贈與，其撤銷之要件及法律效果顯較懸賞廣告之撤回不嚴格。

(五)優等懸賞廣告

1.優等懸賞廣告之意義

　　以廣告聲明對完成一定行為之人，於一定期間內為通知，而經評定為優等之人給與報酬者，為優等懸賞廣告（民法第 165 條之 1）。最常見者如

徵文活動、設計圖案之徵選等。優等懸賞廣告為民法於 88 年修正時所增訂，其與一般懸賞廣告不同者有三：⑴廣告中聲明完成一定行為者，尚須經評定為優等者，始取得報酬請求權。⑵須定有一定期間。⑶須為應徵之通知。

2.優等懸賞廣告之成立

優等懸賞廣告與一般懸賞廣告同，均屬契約行為，是以一般契約行為應具備之成立要件，優等懸賞廣告自應具備。而優等懸賞廣告亦屬懸賞廣告，故關於一般懸賞廣告之要件，優等懸賞廣告亦須具備。以下僅就優等懸賞廣告較為特殊之成立要件說明之：

⑴優等懸賞廣告須定有一定行為期間；一般懸賞廣告並不要求須定有一定行為期間，惟優等懸賞廣告以定有一定之行為期間為其成立要件，即未定有一定行為期間之懸賞廣告並無法成為優等懸賞廣告。優等懸賞廣告因定有一定之行為期間，依民法第 165 條第 2 項，推定廣告人拋棄撤回權。

⑵於一般懸賞廣告，行為人於完成行為時契約即成立，而優等懸賞廣告尚須行為人對廣告人為應徵之通知，此項通知須符合廣告人要求之通知方式及通知期間。

⑶於一般懸賞廣告，最先完成行為之人完成行為時，報酬請求權即得以成立，而優等懸賞廣告則須經由評定，由評定為優等之人取得報酬請求權。「評定」係指對於應募人所完成之行為，加以優劣之判斷❸❺。故評定完成時，為對於優等之人所為之報酬給付之承諾。評定為優等懸賞廣告之核心，評定非屬意思表示，僅為意思之發表而已，此外，評定乃評定人之自由裁量權，其結果必有不公，應募人亦不得異議❸❻。但得類推適用民法關於意思表示之規定，因錯誤、詐欺或脅迫而為評定時，得為撤銷❸❼。

3.優等懸賞廣告之效力

優等懸賞廣告契約，於對應徵者評定完成時發生效力，非於行為人完成行為時發生效力。廣告人於評定完成時，負給付報酬之義務（民法第 165

---

❸❺ 鄭玉波，前揭《民法債編總論》，p. 69

❸❻ 鄭玉波，前揭《民法債編總論》，p. 69

❸❼ 王澤鑑，前揭《債法原理第一冊》，p. 300。

條之 1 後段)。被評定為優等之人有數人同等時，除廣告另有聲明外，共同
取得報酬請求權（民法第 165 條之 3）。

六、事實上契約

契約因當事人意思表示合致而成立，若該意思表示無效或被撤銷時，
該契約自亦失其效力，當事人間如有發生任何權利或利益之變動，則依不
當得利之相關規定決定其法律關係。惟在特定情形下，有些契約非基於雙
方當事人之意思表示之合意而成立契約關係；而係因社會的給付義務而發
生所謂之事實上契約關係。例如，自來水、電力、鐵公路等大眾運輸系統
等一般人日常生活所不能欠缺之需求。此類物質或服務之提供者常為政府
或企業財團，以廣大之一般民眾為對象；基於政府或企業財團對一般人所
負之社會給付義務而發生契約關係。故德國學者於 1941 年提出所謂的事實
上契約關係，主張在若干情形下，契約得因一定的事實過程而成立，並強
調此種契約並非類似契約的法律關係，而是確實具契約效力之實質，僅是
成立上與一般契約不同❸❽。即在特定情形下，當事人無須為真正的意思表
示，僅須為特定事實行為，在交易觀念下即可創設契約關係。此等事實行
為並非以發生特定法律效果為目的之意思表示，而是一種事實上合致的行
為，依其社會典型意義，產生了與法律行為相同的法律效果。最顯著之例
即為公共交通工具之搭乘，當事人一搭上該交通工具，即可認為係為默示
訂立有償運輸契約工具之意思表示。此外由於事實上之契約關係，常以定
型化方式處理大量之交易，故常以特別法之方式排除民法關於行為能力以
及意思表示瑕疵之法律適用，例如，五歲之幼童隨意撥打電話，依電信法
第 9 條規定，無行為能力人或限制行為能力人使用電信之行為，對於電信
事業，視為有行為能力人。但因使用電信發生之其他行為，不在此限。其
法定代理人則不能主張幼童係無行為能力人其所為之任何行為均無效❸❾。

---

❸❽　王澤鑑，前揭《債法原理第一冊》，p. 230。

❸❾　亦有學者認為事實上契約關係，與民法基本原則如對未成年人及心神喪失者的
　　保護原則並不相符，導致法律之不安定性。參照黃立，前揭《民法債編總論》，

七、電子契約之問題

　　隨著電腦、手機等資訊產品的進步，利用網際網路從事各種電子商務交易活動也日漸增加。正如浩瀚而多變的網際網路，電子商務本身所提供之服務也是包羅萬象，包括所有日常生活之大大小小之事，幾乎都可透過網路為之代勞。例如利用手機❹、電腦上網蒐集來自世界各地資訊早已成為家常便飯之事；藉由網際網路購物、訂火車票、機票、電影票等等，似乎也已成為人人日常生活不可或缺之一部分。電子商務不僅使得企業節省時間、空間，更帶來廣大商機，然而也提供消費者有更多方便與選擇的機會。於電子商務使用如此頻繁之現代社會，其所引發之糾紛也時有所聞，從早期買燒錄機變成烏龍茶之事件到今日以簡訊詐財、破解密碼盜刷等事件層出不窮看來，電子商務交易糾紛似乎越演越烈，也不斷有消費者受騙上當，因此有必要就電子商務所引發之契約法上之問題加以檢討。

(一)電子契約之定義與特色

1.電子契約之定義

　　電子契約，又可稱為電子商務契約❹或網路契約❹，於我國法對之尚未有一明確統一之概念前，參考日本電子契約法第 2 條第 1 項對於電子契約之定義為：「所謂電子契約，係由消費者與事業者間，藉由電磁的方法，透過電子計算機之畫面所締結之契約。」從該定義中得知，電子契約法與一般之契約要件並無不同，所不同者僅為傳達方式之差異而已。至於該法所稱電磁的方法，係指使用資訊處理組織之方法或利用其他資訊通訊之技術而言（第 2 條第 3 項），因此透過電腦之方式或透過手機、PDA 傳輸上網

---

p. 22。

❹　〈靠手機吃喝付賬時代即將來臨〉見《中國時報》90.8.28 休閒生活版。

❹　黃茂榮，〈電子商務契約的一些法律問題〉，《植根雜誌》，第 16 卷第 6 期，2000年 6 月，p. 256。

❹　黃立，前揭《民法債編總論》，p. 124。

之方式均包含之。

2.電子契約之特色

參照上述日本對於電子契約之定義，可歸納出電子契約具有下列特色：

(1)電子契約之當事人並未當面締結契約

與一般契約不同，雙方當事人並未見面互為意思表示，將其意思表示化為電子訊息，透過電腦等資訊設備傳達訊息傳送至對方。此種契約之訂定，從交涉至締結甚至履行階段雙方可能完全未曾見面。

(2)電子契約常為一種定型化契約條款

因為經營購物網站之企業經營者，為能與多數之不特定人訂立契約，故往往事先擬定契約條款並登載於其網頁上，消費者只能點選同意或不同意，而對契約之內容並無交涉、修正之機會，因此符合消保法第 2 條第 7 款定型化契約條款之要件❹。

(3)締結契約之即時性

由於電子訊息傳送之即時性，因此往往在數秒間就完成締結契約之行為。因此電子契約能在很短時間內與多數人完成締結契約之行為，因此電子商務交易往往較傳統之交易更具效率性。

(4)無紙化 (paperless) 之契約

電子契約乃一無紙化環境所為之契約，因此當事人間並不存在實體之書面契約。

(5)電子契約常為跨國性之契約

由於網路無國界之特性，利用電子契約從事跨國性之交易已非難事，因此人人只要連上網際網路之後可自由與任一國家之人為交易行為，此與一般契約多為本國契約相較，電子契約往往具有國際性。

---

❹　依消保法第 2 條第 7 款規定，「定型化契約條款不限於書面，其以放映字幕、張貼、牌示、網際網路或其他方法表示者，亦屬之」，因此電子契約係透過電腦畫面所揭示之契約條款可認為其屬於「網際網路表示者」。

㈡電子契約之相關法律問題

　　締結電子契約，原則上與一般契約之締結相同，以雙方當事人之要約以及承諾為之。所不同者為，雙方當事人之意思表示之傳達係透過電腦或手機等通訊系統為之，而非以自然人、電話或傳真機為傳達。基於這些差異，締結電子契約時可能產生以下之法律問題：

1.電子契約之要約與承諾

　　消費者訂購企業經營者於網頁上所刊載商品之行為，究為契約之要約或承諾之意思表示？這問題牽涉到在網頁上所刊載之表示性質為要約或要約之誘引？依民法第 154 條第 2 項規定：「貨物標定賣價陳列者視為要約。但價目表之寄送，不視為要約。」通常對於自動販賣機之陳列，認為係業者的要約之意思表示，所以消費者投錢購買該商品之行為係一種承諾之意思表示❹。但型錄之郵購買賣，通常認為型錄之寄送為一種要約之誘引，消費者填好訂購單視為一種要約，承諾與否之權利則在於郵購業者。要約與要約之誘引之差別在於是否具有法律上之拘束力，因此業者利用網路銷售物品之行為，到底較接近自動販賣機之行為或者接近郵購買賣之行為即發生疑問？我國學說以及實務認為，網路上所散布之商品訊息視為一種「廣告」，而廣告之性質認為係一種「要約之誘引」❺。此外根據消保法第 2 條第 10 款規定：郵購買賣「指企業經營者以廣播、電視、電話、傳真、型錄、報紙、雜誌、網際網路、傳單或其他類似之方法，使消費者未能檢視商品

---

❹　王澤鑑，前揭《債法原理第一冊》，p. 174。

❺　黃茂榮，前揭〈電子商務契約的一些法律問題〉，p. 264。行政院消費者保護委員會臺 86 消保字第 00422 號函：「本會鑑於日後藉由網際網路而生之交易行為日益頻繁，其中關於網際網路之交易型態，其性質係屬於消費者保護法特種買賣之郵購買賣……」。因此線上購物即有適用消保法關於郵購買賣之規定。此外又有學者認為民法第 154 條之「貨物標訂賣價陳列」應指「實物」的陳列，在網站上所陳列者非屬實際之貨品，故網頁上所刊載之商品非要約。參照王傳芬，《網路交易法律錦囊》，元照出版公司，2000 年 10 月，p. 105。

而與企業經營者所為之買賣。」因此業者利用網路銷售物品之行為依消保法第 2 條第 10 款規定被認為係一種郵購買賣。關於這點，日本通說亦認為線上訂購物品之行為為一種郵購買賣，消費者之訂購行為為「要約」之意思表示，其理由為：基於郵購買賣之業者，其存貨上之考量是否能因應消費者同時大量集中之訂購，因此承諾與否之權利在於業者，否則容易導致郵購業者發生債務不履行之情況 ❹。此外日本於特定商交易法中，亦明定消費者於線上訂購物品之行為視為一種要約之行為 (特商法第 2 條第 2 項)。但是有疑問者，如線上購物之標的為電腦軟體 (如遊戲程式)，因該種商品並非實體物，且業者係透過線上遞送方式履行，因此訂約之際，業者是否有存貨即時可得知是否可以給付，因此就該商品特性而言，消費者之訂購行為可能被視為承諾之意思表示，而較接近自動販賣機之方式 ❹。

2. 為對話或非對話之意思表示

依民法第 94 條規定，對話之表示以相對人了解時生效，民法第 95 條規定非對話之意思表示以通知達到相對人時生效。因此消費者於電子契約上之意思表示為對話或非對話之意思表示，將會牽涉到契約何時成立以及意思表示是否得以撤回之問題。如果雙方利用網際網路進行雙向聯繫，輸入文字後同時經由螢幕立即知悉他方之意思表示，如同視訊電話般，似可認為係為一種對話之意思表示，因此他方當事人未立即承諾時，意思表示立即失效。此種方式之交易型態，將來或許會陸續出現但目前尚未有實例。若非上述之情形，如雙方透過電子郵件聯絡之情形者，則通說認為係非對話之意思表示。非對話之意思表示，依民法第 157 條規定係採達到主義，因此如果電子契約之成立採達到主義，則如何判斷意思表示是否達到？一般所謂達到係指到達相對人可支配之領域範圍內而言，相對人處於隨時可得知該資訊之內容 ❹。因此如何判斷電子訊息是否已送達至相對人則不無

---

❹　遠田新一，《新版注釋民法(13)》，有斐閣，1996 年，p. 353。

❹　山本豐，〈電子契約の法的諸問題〉，《ジュリスト》，第 1215 號，p. 77。

❹　參照 58 年臺上字第 715 號判例：「非對話而為意思表示者，其意思表示以通知達到相對人時，發生效力，民法第 95 條第 1 項定有明文。所謂達到，係指意

疑問？就一般人利用網際網路收取電子郵件時，係以電子郵件進入網路服務業者所提供之電子郵件信箱，受領人輸入密碼後即能獲知是否有電子郵件而可讀取。因此似可認為電子郵件進入網路服務業者之伺服器，即處於收信人可支配之領域範圍，而可認為已經達到，而不問當事人是否已經閱讀該信件。關於這點，日本電子契約法對於承諾之通知之達到時點，以到達對方當事人之電子信箱之伺服器，當事人處於隨時可取信之狀態，而不問是否已經閱讀之時即為達到❹。

3.承諾是否需要通知

基本上受要約人對於要約是否承諾為其權利，而非義務，依民法第 157 條規定：「非對話為要約者，依通常情形可期待承諾之達到時期內，相對人不為承諾時，其要約失其拘束力」，原則上受要約人如果拒絕要約並無須回應❺。但如果受要約人為承諾之意思表示時，仍須相對人受領後契約才成立，因此承諾原則上要通知，除非有民法第 161 條第 1 項規定：「依習慣或依其事件之性質，承諾無須通知者，在相當時期內，有可認為承諾之事實時，其契約為成立。要約人於要約當時，預先聲明承諾無須通知。」一般郵購買賣交易，發出要約之通知後，如果業者無存貨時，則不予承諾，業者以消極之不給付之行為而視為契約未成立，而毋庸另行通知。但如果業者有庫存，則業者以實際之送貨行為視為承諾，契約成立。因此郵購情形似乎可認為係「依習慣承諾無須通知」之情形。但電子商務交易方式與一般交易方式之不同在於，雙方並未見面，受要約人是否亦如一般交易拒絕時，無回應之義務，即生疑問。特別是消費者訂購商品係以信用卡為付款方式

思表示達到相對人之支配範圍，置於相對人隨時可了解其內容之客觀狀態而言。」

❹ 河野太志，〈電子消費者契約及び電子承諾通知に關する民法の特例に關する法律の概要〉，NBL718 號，p. 31。

❺ 承諾之意思表示得為明示或默示。但單純之沉默原則上不具表示之價值，惟在特殊情況，亦得因當事人之約定或交易慣例而成立默示的承諾。參照王澤鑑，前揭《債法原理第一冊》，p. 196。

者，消費者於收到商品前已先付款了，因此如果企業經營者承諾與否不明確的話，對消費者而言似乎有欠保障。

4.契約之成立時期

利用電子訊息傳送意思表示之方法，為一種非對話之意思表示❺，民法對於非對話之意思表示依第157條規定係採達到主義，因此如果電子契約之成立採達到主義，則如何判斷意思表示是否達到。一般所謂達到係指到達相對人可支配之領域範圍內而言，相對人處於隨時可得知該資訊之內容。因此如何判斷電子訊息是否已送達至相對人？關於這點，我國並未有太多學說以及實務之見解詳論此問題。但日本電子契約法對於承諾之通知，參考聯合國電子商務模範法第15條❺，推翻了原日本民法採發信主義之原則改採達到主義❺。對於承諾之達到時點，以到達對方當事人之電子信箱的伺服器為標準，只要當事人處於隨時可取信之狀態，而不問是否已經閱讀❺。我國民法原本即採達到主義，但達到之時點之判斷，目前實務以及學說並未有較明確之見解或意見。

5.意思表示可否撤回

由於電子交易方式屬於一種非對話之意思表示，加上電子交易具有即時之特性，因此電子契約之意思表示包括要約及承諾，是否可依民法第95

---

❺　王傳芬，前揭《網路交易法律錦囊》，p. 112。

❺　關於聯合國電子商務模範法之條文，請參照 http://www.un.or.at/uncitral/english/texts/electcom/ml-ec.html，其內容之介紹，參照〈網路 VS. 法律〉，資策會科技法律中心，1999年2月，pp. 50～63。

❺　日民法規定（第526條第1項）採發信主義。但於電子契約法改採達到主義，其理由為①電子契約之資訊在很短之時間內即到達對方，因此沒有必要為迅速完成交易而採發信主義。②即使英美法對於電子方式之承諾的意思表示也都採達到主義。③就一般實務方面採用電子訂購之企業經營者間依其特約也大都採達到主義者較多。④避免發生企業經營者之承諾通知的電子郵件萬一沒到達時，消費者誤以為契約不成立而再與其他企業者訂立契約之情形。

❺　河野太志，〈電子消費者契約及び電子承諾通知に關する民法の特例に關する法律の概要〉，NBL718號，p. 31。

條有得以撤回之情形？由於非對話之意思表示採達到主義，理論上似乎仍有得以撤回之可能，但實際上基於網路傳輸之即時性，一般人得以撤回之機會很小。對於此點日本法並未有特別規定，但有學者提議，因電子契約之特性，容易造成消費者因一時衝動而締結契約，因此即使契約已經成立，可仿訪問販賣可無條件解除契約之規定，除了當事人之履行係以對方直接下載之情形外❺❺，應給予消費者於契約成立後之 24 小時內可撤回其意思表示之機會❺❻。關於這點由於我國消保法第 19 條規定，郵購或訪問販賣之消費者，對於所收受之商品不願買受時，得於收受商品後七日內，退回商品或以書面通知企業經營者解除買賣契約，無須說明理由及負擔任何費用或價款。因此如果將線上購物視為郵購買賣的一種的話，則有該條之適用自無疑義。故基於我國消保法之規定，即使電子契約之意思表示無法撤回，但消費者依消保法第 19 條之規定仍可行使無條件解約權而受到保護。

6. 意思表示瑕疵之問題

現行民法係以人與人之交易為規範之對象，因此依當事人之善意、惡意、過失之有無、是否可歸責，來分配契約當事人間因契約所生之風險。但透過電腦等通訊機械為意思表示時，當事人如有被詐欺、脅迫而為意思表示或為錯誤之意思表示時，是否仍可適用民法關於意思表示瑕疵之相關規定？因為透過機器為交易行為時❺❼，電子機器係靠電子訊息或符號自動進行運作，機器並無法判斷當事人行為時之主觀意思如何，因此依民法之規定，來解決此類問題則容易發生認定上之困難。

---

❺❺ 如數位商品之販賣時，實際上均以線上遞送方式，買受人直接從網路上下載即可。

❺❻ 又稱「一日解除權」，內田貴，〈IT 時代の取引と民事法制〉，《法律協會雜誌》，第 118 卷第 4 號，pp. 323, 489。

❺❼ 將電腦程式視為一種代理人為美國 UCC2B 之概念。但日本學者認為：電腦如同傳真、電話一般，僅為資訊傳導之工具，不應視為代理人。內田貴，前揭〈IT 時代の取引と民事法制〉，p. 311。但我國亦有肯定電子代理人之見解者，參照王傳芬，前揭《網路交易法律錦囊》，pp. 100～104。

7.錯誤之意思表示

　　關於意思表示之錯誤，我國民法上對於意思表示錯誤規定為可撤銷之法律行為（民法第 88 條）。因此透過電腦網路傳送資訊之電子契約，其當事人如有意思表示錯誤之情形，例如消費者本想買 10 枝筆，不小心輸入錯誤，按成 100 枝筆，導致契約成立，此種情況是否可依民法第 88 條得以撤銷？對此我國民法制定當時並未考慮人與電腦間意思表示之情形，解釋上似無排除適用之可能。但依我國關於錯誤之意思表示而撤銷者，限於表意人無過失之情形，而此所指之過失，依學說而有不同，有學者認為應解為「重大過失」者[58]，有認為係「具體過失」者[59]，也有學者主張「抽象輕過失」者[60]。本文認為，由於法條並未明文規定為「重大過失」[61]，故應與民法第 220 條之過失為同樣解釋，認為民法第 88 條係指抽象輕過失。依此，表意人則很難證明錯誤之意思表示係因無過失而為，故表意人要依民法第 88 條撤銷錯誤之意思表示實非易事。再者，即使表意人無過失而撤銷意思表示，但依民法第 91 條，表意人撤銷意思表示時，對於信其意思表示為有效而受損害之相對人或第三人，應負賠償責任。因此依我國民法規定錯誤之意思表示之表意人，即使能夠撤銷意思表示，但仍有可能要負信賴利益之損害賠償責任。相較於我國，日本法關於錯誤之意思表示之規定為日民法第 95 條，其效果非得撤銷而為無效，因此就效果而言，實較我國為重，但錯誤之意思表示為無效之要件，以表意人無重大過失者為限，且對於錯誤之表意人，又無相當於我國民法第 91 條，關於善意相對人或第三人信賴利益保護之規定，由此可知，對於表意人而言，我國錯誤之意思表

---

[58]　王伯琦，《民法總則》，國立編譯館，1989 年初版，p. 162。

[59]　史尚寬，《民法總則》，正大印書館，1980 年三版，p. 369。郭振恭，《民法》，三民書局，2002 年修訂三版，p. 108。

[60]　王澤鑑，《民法總則》，作者自版，2001 年 2 月出版，p. 321。施啟揚，《民法總則》，三民書局，2005 年六版，p. 246。

[61]　學者王澤鑑認為，重大過失說與法文義不合（因我民法對重大過失均特別指明），有礙交易安全。參照王澤鑑，前揭《民法總則》，p. 321。

示適用上較日本法之規定為嚴苛。基於電子契約為一種人面對機器之交易，消費者可能不熟悉電腦之操作；或者因不小心按到確認鍵，而發生契約成立之情形，因此消費者若欲主張錯誤而撤銷，須主張自己無過失，然而對消費者而言如何舉證實非易事，加上又有民法第91條之規定，因此對消費者而言，我國法關於錯誤之規定於電子契約之情形，根本無適用之實益。

此外，由於電子契約乃藉由電子機器設備為傳達其意思表示之方式，因此如果於電子訊息傳輸過程中，發生機器故障，導致傳送錯誤之訊息時，可認為乃一傳達機關錯誤之情形，依我國民法第89條規定關於傳達機關之錯誤，亦得撤銷之，但發信人（表意人）應無過失。又依民法第91條發信人（表意人），雖可撤銷意思表示，但對於信其意思表示為有效而受損害之相對人或第三人，應負損害賠償責任。例如要約人透過網際網路購買商品，原本購買甲商品，但於傳輸過程發生故障導致變成訂購乙商品，則依民法規定要約人可撤銷其意思表示，但他方契約當事人仍然以乙商品發送，業者如運送費用、人事費用等損害仍可向要約人請求。因此依民法第91條之原則，傳達錯誤之風險由發信人負擔，其理由為一般傳達人或傳達機關均由表意人所指定，故傳輸之風險屬於表意人得支配之範圍❷，因此傳達人或傳達機關之錯誤，表意人雖可撤銷其意思表示，對於善意之相對人或第三人之信賴利益仍應負損害賠償；但如果該通訊系統為業者所自行開發設計者，則表意人依民法第89條撤銷意思表示後仍須依民法第91條負信賴利益之損害賠償？例如，消費者透過網路下單向證券公司購買股票，因颱風停電等不可抗力之事由，導致系統當機，致該顧客傳送之訊息錯誤時，如網路下單之資訊系統由證券業者所提供❸，則消費者雖依民法第89條撤銷，但對於善意之相對人或第三人仍不免除損害賠償責任的話，則無疑將

---

❷ 黃立，《民法總則》，元照出版公司，2005年9月四版，p. 290。

❸ 或者係由證券業委託相關業者所開發之情形，均包含之。因為對此傳輸系統之風險，證券業與相關業者可認為係負有系統責任。關於系統責任，參照杜怡靜，〈電子資金移動における法的檢討 —— 當事者間のリスクの分擔を中心に〉，《留日學人學術論文專輯》，第九輯，1998年，p. 157。

該系統發生任何故障之風險由消費者承擔，似乎有所不公，由此可見我國民法第 89 條、第 91 條之規定，從消費者保護之觀點來看，其實對消費者係非常不利之規定。相較於日本，並無如我國民法第 89 條以及第 91 條相關之規定，因此於系統傳輸錯誤之風險由何者負擔，依照該系統為何者所得控制之領域，來劃分風險責任之歸屬[64]。

從上述之分析得知，就一般意思表示瑕疵之情形，由於我國民法第 88 條以及第 91 條之規定，因此表意人要依第 88 條撤銷錯誤之意思表示已非易事，再者撤銷之後又有信賴利益賠償之問題，而信賴利益有時甚至較履行利益為重亦有可能[65]，因此對錯誤之意思表示之表意人而言，能否撤銷實質上已無意義可言。而於電子契約發生錯誤意思表示之情形，由於傳達機關往往非表意人得以指定或得選擇，依照我國民法第 89 條之規定，錯誤之意思表示即使得以撤銷，表意人仍負有信賴利益之損害賠償責任，因此目前我國關於錯誤之意思表示之規定適用於電子契約之情形似乎對為錯誤意思之表意人而言有所不當。

8. 脅迫、詐欺等意思表示瑕疵

最近常發生不肖業者，以手機簡訊傳送中獎訊息，要求當事人照其指示操作提款機，以致當事人存款被提領一空，或者行搶之歹徒，強迫被害人提供密碼，將該人之存款提領走等。於此種由第三人為詐欺、脅迫之情形，被害當事人是否可主張民法第 92 條被詐欺或脅迫而撤銷意思表示？於適用民法第 92 條之結果，於第三人為詐欺之情形，除非銀行明知或可得而知詐欺事實或銀行為善意第三人之情形時，表意人不得撤銷意思表示或不得以撤銷對抗銀行（民法第 92 條第 1 項但書、第 2 項），因此被詐欺而為意思表示之表意人即無法依現行民法向銀行主張撤銷意思表示。但如果被

---

[64] 如同 EFT 電子資金移轉（跨行匯款）之情形，對於電腦系統故障之風險，應由銀行負擔。參照杜怡靜，前揭〈電子資金移動における法的檢討 —— 當事者間のリスクの分擔を中心に〉，p. 159。

[65] 信賴利益是否不可超過履行利益，我國法無明文，但有學者主張解釋上應仿德民法以履行利益作為信賴利益賠償之上限。參照黃立，前揭《民法總則》，p. 298。

脅迫情形，依現行民法，被害人仍得撤銷意思表示，因此對於被害人並無不利益。現行我國法，於消費者被詐欺之情形時，如收到簡訊誤以為真，而將其所指定之金錢劃撥至其所指定之銀行帳戶，表意人不得以其被詐欺撤銷意思表示對抗善意之銀行⑥，消費者仍應負責，僅能依不當得利或侵權行為之規定向為詐欺之人請求損害賠償。至於被脅迫之情形而為意思表示者依現行民法規定，則表意人均可撤銷。

9.要式行為之適用

電子商務為一無紙化之交易環境，可減少紙張所須之成本以及減少紙張傳送所須之時間，因而此種交易方式往往較一般傳統之交易方式來得經濟而有效率。民法基於契約自由之原則，除了少數契約為要式行為之外，多為不要式之法律行為。即使為不要式行為，當事人為避免爭議並確保將來證據之資料，往往也會以簽訂契約書之方式，以確定當事人間之權利義務關係。而法律所要求之要式行為，常要求作成一定之書面，並要求當事人在該書面簽名或蓋章甚至提出印鑑證明書，以證明該書面確為該當事人所為。因為於交易行為中書面具有意思傳達之機能、證據之機能、警告之機能、紀錄保存之機能、完全性之機能；而簽名蓋章具有歸屬之機能、證明當事人之同一性之機能。因此透過書面及簽章制度可賦予契約當事人較強之公信力與信賴感。但在無紙化之電子商務交易方式裡，如何建立一個類似書面及簽章制度所帶給雙方當事人之安全感與信賴感，成為發展電子商務之際，世界各國所共同面臨之難題之一。因此如何使電子契約具備所

---

⑥ 目前為解決此類問題，警調機關為查緝電話詐欺恐嚇案件，依警示通報機制，請金融機構列為警示帳戶（終止該帳號使用提款卡、語音轉帳、網路轉帳及其他電子支付轉帳功能）者屬之。所謂警示帳戶，係指遭歹徒持偽（變）造或他人之身分證件冒名開立帳戶者。因此若有被害人在被詐騙後請求返還滯留於「警示帳戶」內剩餘款項，金融機構於確認被害人所匯轉入款項尚有未被提領或轉出者，經被害人提示刑事案件報案三聯單、匯轉入款項證明文件、申請不實應自負一切法律責任同意書等文件,請求返還時,金融機構應斟酌給予協助。參照行政院金融監督管理委員會於93年7月28日發布金管銀(一)字第0931000499號。

謂書面之要件；即如何以無形之電子資訊完成有形文書❻則不無疑問？為解決此問題，我國於 2001 年通過電子簽章法，賦予電子文件法律上之效力，保障電子商務交易之當事人，至於該法之通過對於契約法之影響將於後詳述之。

10.冒用他人之名締結契約與代理之關係

由於電子商務交易並非人與人面對面交易，因此當事人身分之確認即當事人之同一性如何認定，以及如何避免假借他人名義訂立契約之問題發生，成為利用電子契約雙方當事人所關注問題之一。如契約一方當事人，冒用他人姓名締結契約時，他方當事人無從得知該當事人之真實身分，因此冒用他人姓名從事線上交易時，是否有民法表見代理或無權代理之適用？則不無探討之餘地。吾人認為冒用他人之名締結契約時可分兩種情況：第一種為被冒用之人並不存在，因此實際並無真實之被害人存在，則該行為即為冒名之人的行為，故不生代理與否之問題❻。第二種情形，如果被冒名之人確有其人存在，冒名本身是否有可能引起代理之問題？有學者認為，非當面訂立契約之情形時，由於行為人間並未碰面，自不能視為冒名者之行為。此行為與被冒名者亦無任何關聯，也非被冒名者之行為❻。但又有學者認為冒他人之名，如使相對人產生對該被冒名之人有一定之聯想時，而意在與其發生法律關係時，應類推適用無權代理之規定處理❼。因此從事電子商務交易之際，如何使雙方身分得以確認，成為解決冒名頂替之問題最重要關鍵所在，而電子簽章制度即為解決此問題的方法之一。

---

❻ 一般文書之概念係指使用文字、符號、圖樣或其他可替代文字，記載法律或社會生活有權益關係之一定意思、思想或觀念，此種記載不以紙張為限，記載於其他有體物皆屬之。

❻ 例如甲以張三之名與丙訂立契約，若張三之人實際上並不存在，此時契約仍於甲與丙之間成立。黃立，前揭《民法總則》，p. 406。

❻ 黃立，前揭《民法總則》，p. 406。

❼ 王澤鑑，前揭《債法原理第一冊》，p. 309。此外學者黃立認為，如行為人並未授權，而行為亦未被同意時，則此行為人之責任，一如無權代理人，類推適用民法第 110 條。黃立，前揭《民法總則》，p. 406。

11.履行契約所引發之問題

當事人於締結契約後，可能發生以下幾種履行契約方面之問題：

(1)瑕疵擔保責任之免除

企業經營者以特約方式免除其瑕疵擔保責任的話，該契約之效力如何？首先就民法關於瑕疵擔保責任之規定而言，該規定雖為任意規定，但出賣人如果有故意不告知瑕疵之情形，其特約無效（民法第 366 條），此外民法第 222 條規定：「故意或重大過失之責任，不得預先免除」。因此電子契約如有上述情形，則該契約可能無效。除此之外，電子契約如以定型化契約方式制定者，亦有消保法之適用，因此如該契約有違反「平等互惠之原則」而對消費者有顯失公平之情形者，該條款無效（消保法第 12 條第 2 項第 1 款）。另外由於線上購物屬於郵購買賣之一種，無論購買商品是否有瑕疵，消費者於收到商品後七日之內，均可不附任何理由地行使法定解約權（消保法第 19 條）。而於日本法中，對於郵購買賣業者科以對於瑕疵擔保如與民法有不同規定時，應該於書面或電磁紀錄上加以表示❼（特商法第 11 條）。此外於日本消費者契約法第 10 條中規定，如果契約條款有限制消費者之權利或加重消費者之義務，違反民法誠信原則者，該契約無效，藉以規範契約不當條款對於消費者所造成之損害。

(2)業者債務不履行之情形

消費者購買商品後，也可能發生業者有債務不履行之問題。特別是有些網路商店並非實體商店，因此如果業者心存詐欺，容易引發對於消費者履行契約方面之問題。原則上民法債務不履行，可直接適用在電子契約並無疑義。但電子契約之另一重大問題為，由於消費者在締結電子契約時，通常以刷卡方式作為給付價金之方法，如果業者有債務不履行之行為時，消費者可依民法第 226 條請求損害賠償，或者有不完全給付之問題時，依第 227 條之規定行使其權利，同時可依第 256 條解除契約。因此消費者可否以業者債務不履行解除契約為由，拒絕向刷卡銀行付款，意即以業者債

❼ 如依日民法第 570、566 條規定者，毋庸記載；但如有免除該瑕疵擔保者則應記載於書面。

務不履行為抗辯，拒絕對刷卡銀行之付款。此問題牽涉到信用卡使用，涉及到三方契約關係，即消費者與發卡銀行間之信用卡使用契約，消費者與業者間之買賣契約，以及發卡銀行與業者間之特約商店契約，原則上三個契約乃各自獨立之契約，基於契約相對性之原則，不得以一方之法律關係對抗另一方契約之當事人。而實務上，一般我國信用卡使用契約條款中，對於消費者與商店業者間之糾紛，原則上不得據以對抗發卡銀行；但如果有下列特殊情形：如預定之商品未獲特約商店移轉或其數量不符等，應先向特約商店尋求解決，如果消費者無法解決時，應於繳款之截止日前，檢具相關證明文件向發卡銀行請求暫停付款。此外以信用卡進行郵購買賣或訪問販賣依消保法第 19 條解除契約者亦可準用之⓻。由此可知，雖然三個契約相互獨立，但因於整個信用卡交易關係中，三個契約彼此關係密切，此三契約之相互作用方足以完成整個信用卡之交易。因此傳統契約相對性之理論在此即難以說明：為何一個契約會影響至另一個契約？有學者曾論及：信用卡交易之三面法律關係中，其中任何一面法律關係之認定及法律規定之適用亦涉及契約之外之第三者，因而在認定其法律性質時，即應考慮彼此之間是否有抗辯事由延伸之牽連關係⓽。日本法對此問題，於該國之分期付款買賣法第 30 條之 4 明定，買受人與出賣人以信用卡為分期付款買賣者，買受人可以依買賣之間所生之事由，對抗信用卡業者，而拒絕付款。契約法之學者對此規定，認為為達成一定之交易目的而結合之複數契約⓾，其中之一契約當事人基於其契約所具有之抗辯權或解約權，可以對抗該契約之外之他契約當事人。即以擴大對於契約當事人之範圍方式來解釋此種情形⓱，並將此類交易稱為一種「複合契約交易」⓲、「多數當事人之契約關係」⓳或「多數當事人之交易關係」⓴。由此可知，透過網路所

⓻　參照中國信託之信用卡約定條款第 11 條第 1 項。

⓽　楊淑文，《新型契約與消費者保護法》，元照出版公司，1999 年 8 月二版，p. 147。

⓾　除了信用卡使用契約外尚有跨行之電匯契約、老人安養中心之契約等。

⓱　池田真朗，〈契約當事者論〉，別冊，NBL51 號，pp. 160～161。

⓲　山田誠一，〈複合契約取引についての覺書〉，NBL485 號，p. 30 以下。

產生之新型態之交易方式，使得傳統契約法理論面臨了一些新的挑戰與衝擊。

12.關於數位化商品 (Digital Products) 之問題

契約締結之後，如果有得以撤銷意思表示或解除契約之情形時，當事人之間如已交付者則須依不當得利（民法第 179 條）或回復原狀之規定（民法第 259 條）返還之。一般實體物之買賣該規定之適用，自無疑問；但網路購物與以往買賣所不同者為，所購買之標的可能為無體物時，而該類物品之遞送係以線上遞送之方式為之，買受人直接可從網路上下載即可，無須實際上之寄送行為。例如電腦程式、遊戲軟體、MP3、電子書、電子賀卡等數位化商品均利用此種交易方式。此類商品由於有容易被複製之特性，因此即使被返還後，仍然可儲存於當事人硬碟當中，故於契約被撤銷或解除時，當事人如何判斷實際上已返還之而未存在其電腦中？此乃為實務上難以認定之處。又如前述網路購物亦可視為一種郵購買賣，因此於網路上購買數位化商品時，是否仍有消保法第 19 條解約權之適用？則產生疑問。依消保法施行細則第 4 條「本法第 7 條所稱之商品，指交易客體之不動產或動產，包括最終產品、半成品、原料或零組件。」因此消保法第 19 條中之商品是否與第 7 條「商品」為相同之解釋？學說有不同之見解，但大多認為，郵購買賣之商品不限於實體商品，包含無實體之商品，即消保法施行細則第 4 條已明文限定為「第 7 條之商品」，於第 19 條郵購買賣之情形並未包含在內，因此解釋上消保法第 19 條之商品應包含非實體物之數位化商品❼❾。但數位化商品如被視為消保法第 19 條之標的時，則消費者依法

---

❼❼ 北川善太郎，《債權各論》，有斐閣，1999 年 6 月，pp. 138～139。

❼❽ 執行秀幸，〈第三者與信型消費者信用取引における提攜契約關係の法的意義（下）〉，《ジュリスト》，第 880 號，p. 135。

❼❾ 持肯定見解者，王傳芬，前揭《網路交易法律錦囊》，p. 147。朱柏松，《消費者保護法論》，作者自版，2001 年 11 月增訂版，pp. 318～319。陳信至，〈網路交易是否適用消保法（下）〉，《科技法律透析》，2002 年 7 月，p. 12。持否定見解者，馮震宇，〈論網際網路與消費者保護問題（下）〉，《科技法律透析》，

可行使該條之解約權，如此對消費者之權益固然有所助益，但對於販賣此類數位化商品之業者而言，則會極力反對其商品與一般之商品同樣適用上述現行法之相關規定，進而影響業者販賣數位化商品之意願，如此一來豈不開科技之倒車。對此問題，日本學者大致認為數位化商品之交易不應稱為買賣，而為一種得享受數位化商品之授權契約 (License Contract)❽，因為此類契約具有下列特性：①為一種授權使用電腦資訊（電腦資訊包含數位資訊、電腦程式軟體以及其集合物或編輯物）之契約。②為一種附有期限之使用契約。③為一種得以複製之權利，但使用者對於資訊並無所有權。此外日本學界並認為數位商品之契約與一般商品之買賣契約有諸多差異性存在，如消費者之訂購視為承諾而非要約，履行方式以線上遞送方式、本身為一種無體物❽，故認為該種契約係一種服務之提供，而非商品之購買，由於民法制定當時並無此種交易方式之存在，因此應承認數位化商品之交易為一種新型態之契約❽，應另立法或於契約各論中增加此種契約型態，而不應適用於現行法予以解決。由此可知對於數位化商品之交易，目前日本法之通說，均不認為係買賣，而認為係一種授權使用契約，或認為係一種服務（或勞務）之提供。因此我國對於數位化商品之爭議問題，應顧及此類交易型態並非我國所獨有，故日本對此相關之見解與將來立法之發展值得我國留意。

1998 年 7 月，p. 35。

❽　此名詞最早出現於美國之 UCITA (Uniform Computer Information Transaction Act) 中，係指以關於使用電腦程式等軟體或關於電腦之其他資訊為對象所締結之契約。參照國生一彥，〈インターネット上のライセンス契約に關する法律の概要〉，NBL693 號，p. 50。

❽　依日民法第 85 條規定「本法所稱之物係指有體物」，因此不包含無體物。故日本法買賣之標的僅限於有體物。

❽　有學者稱此為一種「服務性之交易契約」，參照松本恆雄，〈サービス契約〉，別冊，NBL51 號，p. 206。

(三)電子簽章法對於電子契約之影響

我國於 90 年 10 月 24 日通過電子簽章法,該法律之制定就與世界潮流相接軌而言,具有相當重要之意義❽。而對於電子契約而言,則具有下列二方面之意義:

1.肯定電子文件之法律上地位

就電子契約所生之電子文件其法律上之地位而言: 首先,依電子簽章法第 4 條第 1 項規定: 經相對人同意者,得以電子文件為表示方法。故承認當事人得以電子文件作為意思表示之方法,因此當事人可透過電腦螢幕之畫面,為締結契約之意思表示。其次就電子文件之效力而言,依同條第 2 項規定: 法令應以書面為之者,如其內容可完整呈現,並可於日後取出供查驗者,經相對人同意得以電子文件為之,因此即使為法律所規定之要式之契約行為❹,只要該文件可於日後足以辨認其真偽時,可以電子文件取代傳統以紙張為主之書面。然而於電子簽章法第 4 條第 3 項中規定「前二項規定得依法令或行政機關之公告,排除其適用或就應用技術與程序另為規定」,由本項條文中可知,不見得所有要式行為均能以電子文件取代之,政府機關可依法令或公告排除該法之適用❺。至目前為止,我國對於金融方面❻、證券期貨方面❼、稅務方面❽、保險方面❾等各機關均有排除適

---

❽　亞洲國家如馬來西亞 (1997)、新加坡 (1998)、韓國 (1998)、日本 (2000)、香港 (2000),以及澳洲 (1999)、美國 (2000)、德國 (1997) 等均相繼制定電子簽章法。陳家駿,〈電子商務電子化政府新紀元〉,《智慧財產季刊》,第四十期, p. 65。

❹　如民法第 166 條之 1、第 422 條、第 709 條之 3 等。

❺　本法原則採契約自由,尊重當事人意思決定契約之制定採取紙張或電子方式締結,但又顧及政府機關現行立即因應之困難以及各級機關業務之性質、民眾之交易安全等,授權行政機關等可以公告其主管業務而排除電子簽章法之適用。

❻　參照財政部臺財融(一)字第 0910013593 號。

❼　參照財政部證券暨期貨管理委員會(91)臺財證 (法) 字第 114474 號。

❽　參照財政部臺財稅字第 0910458341 號。

❾　參照財政部臺財保字第 0920752032 號。

用電子簽章法之適用❿。而日本對於排除電子文件之例外規定所制定之「IT書面概括法」中規定，於下列四種情形排除適用電子簽章法：⑴需要作成公證書者，⑵係以面對面為交易方式，無法透過電子交易者（如典當業），⑶基於國際條約者，⑷常發生契約方面之糾紛，故難以取代書面要件者。此外，依我國電子簽章法第5條第1項規定，可以電子文件作成之文書，取代依法令規定應提出文書之原本或正本。但如果該文件有須核對筆跡、印跡或為其他辨識文書真偽之必要或法令另有規定者不在此限。再者如果有須以核對筆跡等證明文書之真偽時，則亦無該規定之適用。此外並規定依法令應簽名或蓋章者，經相對人同意，得以電子簽章取代之。此規定賦予電子簽章之效力等同於一般之簽名蓋章。如果在電子文件上附有該當事人之電子簽章者，則推定為該當事人所為，用以確認當事人之同一性。因此該法之制定，使得電子契約之效力獲得法律上之承認，而使得從事電子商務交易之雙方當事人更能安心從事線上交易。

2.確認意思表示之達到時點之認定

　　關於當事人以網路傳送意思表示之過程，究竟以何時點為到達對方當事人之時點認定？依該法第7條第1項規定「電子文件以其進入發文者無法控制資訊系統之時間為發文時間。但當事人另有約定或行政機關另有公告者，從其約定或公告。」依該規定，以發文者無法控制資訊系統為發文時間。如一般以電子訊息傳送意思表示之要約時，當該電子訊息已經進入發文者無法控制之資訊系統時，例如要約人按下傳送之鍵時即認為已發出❾，即使尚未到達對方，要約人即受要約之拘束力，因此於發送要約時，係採發信主義。此外由於電子訊息傳輸之即時即至之特性，依該規定，一般人幾乎無法有撤回之可能，不過由於該規定並非強制規定，仍然容許當事人以特約加以變更。至於到達對方當事人之時點，依同條第2項規定，如果收文者指定收受電子文件之系統者，以電子文件進入該系統之時間為收文時間；如電子文件寄至非收文者指定之資訊系統者，則以收文者取出電子

---

❿　詳細情形請參考 http://www.icct.com.tw/esign/statutes_1.asp。

❾　如同郵寄情形，當將信件投入信箱蓋上郵戳後，即認為已發出。

文件之時間為收文時間。如收文者並未指定收受電子文件之資訊系統者，以電子文件進入收文者之資訊系統時為收文時間。由以上規定可知，由於電子契約為非對話之意思表示，故仍以達到主義為原則，但對於達到之時間，承襲民法達到之概念，以電子文件已到達對方當事人得以控制之領域之時為達到。因此規定以對方當事人隨時得以收取電子文件之情形，即進入該收文者之資訊系統時為達到。但如果寄至非收文者指定之資訊系統，則以收文者實際取出文件之時為準。或者收文者並未指定收受之電子系統時，則以該電子文件進入收文者之資訊系統之時為準❷。此項規定將民法達到之意義應用在電子契約時加以明確化，頗具重要意義。但此項規定亦非強制性之規定，容許當事人以特約加以變更。

3.交易雙方身分之確認

由於締結電子契約之當事人係以網路為媒介訂立契約，因此雙方當事人可能從締約以至履行階段均未曾謀面，因此如何確認雙方身分之問題，為電子契約交易之最大風險所在。而電子簽章中之數位簽章乃藉由密碼學之技術，交易雙方當事人藉由公鑰與私鑰之應用，不僅可確保傳輸之文件免於被竄改消滅之風險，亦有助於雙方身分之確認，因此可減少當事人被冒名頂替之風險。

(四)結　論

綜合前述電子契約之相關問題，雖然我國電子簽章法之制定，已解決電子契約一些基本問題，但因該法之應用涵蓋整個電子商務、政府機關間之電子申報等，並非針對電子契約而來，而且該法之用語與一般法律用語有些差異，因此並未能完全解決電子契約之所有問題，如承諾是否須通知？意思表示可否撤回？加上現行錯誤意思表示之規定，適用於電子交易時顯然對表意人不利，以及資訊時代之新產物——數位化商品所引發之新興問

---

❷　此規定與聯合國電子商務模範法第 15 條以及新加坡電子交易法第 15 條規定相同，關於新加坡之電子交易法，參照 http://www.ech.ncb.gov.sg/ETBmain.html。

題如何解決等。故僅有電子簽章法之制定，仍不足以解決電子契約目前所發生之問題。制定電子簽章法之後，尚未見有其他積極新的立法或修法之動作。雖電子簽章有助於解決電子契約中關於當事人身分之確認問題，避免冒用他人之名締結契約之情形，對於促進電子商務交易之安全為一不可或缺之制度。但目前我國使用電子簽章者尚未十分普遍，其原因在於申請電子憑證手續複雜❸，且由於目前排除適用電子文件之行政機關太多，適用情形不夠普遍，均造成大家裹足不前之原因，因此加強政府機關之資訊系統設備之更新，簡化申請憑證之程序，方有助於電子簽章制度之實施。因此吾人認為，由於電子商務之發展日新月異，目前雖尚難以概括立法之方式，將所有問題一次加以解決，因此原則上以解釋論為主，就法之安定性而言，固有所據；但針對一些性質特殊、爭議較大之問題，則以增訂特別法作為因應或許較為妥適。但對同一事項，特別法與特別法間均有所規定時，難免不發生特別法與特別法適用順序先後之問題。因此訂立特別法也應避免此現象之發生。此外就世界各國之立法趨勢而言，尤其在 C2B 之電子商務交易，消費者處於資訊、技術以及資力方面之弱者，因此如何避免消費者一時之不察，而造成締結契約之情形，有必要在立法技術上對於消費者有加以保護之規定，如前所介紹日本分別於電子契約法以及特商法中，對於電子商務交易設有特別之規定。除此之外，聯合國之電子商務模範法❹、美國之 UCITA 及 UETA❺，以及 EU 關於電子交易之指令❻以及

---

❸　以內政部辦理申請自然人憑證作業為例，相關作業程序請參照 https://idcard.
　　moica.hinet.net/ShopStyle/Nature/default.asp。

❹　韓國「電子取引基本法」、新加坡「電子交易法」以及美國 UETA（統一電子
　　交易法）(The Uniform Electronic Transaction Act)、UCITA（統一電腦資訊交易
　　法）(Uniform Computer Information Transaction Act) 均以聯合國之電子商務模
　　範法為藍本而制定。

❺　兩法皆於 1999 年 7 月 29 日通過，UETA 之條文參照 http://www.abanet.org/，
　　而 UCITA 條文參照 http://www.law-upenn.edu/，該法之介紹，請參照王傳芬，
　　前揭《網路交易法律錦囊》，pp. 76～91。相對於 UETA 之內容為對於關於交易
　　之電磁紀錄以及電子簽章所為之規定，又可稱為電子交易之一般規定。而

亞洲新加坡等，均積極尋求以立法方式，對於電子契約所引發之相關問題加以解決。

UCITA 之適用對象限於以軟體、資料庫等授權交易之規定，故為 UETA 之特別規定。關於兩法之比較，請參照曾野裕夫，〈電子取引の法的基盤整備——アメリカにおける取組み〉，《ジュリスト》，第 1183 號，pp. 144～151。

❻ EU 之關於電子交易之法的側面之指令 (Amended proposal for a European Parliament and Council Directive on certain legal aspect of electronic commerce in the Internal Market of December 28, 1998)，係為解決其境內十五國關於電子商務各自為政之現象，希望藉由該指令達成最小限度之共識。主要內容為關於電子契約、ISP 之責任等規定，關於該指令，參照國生一彦，〈電子取引法制整備への各國の取組み（上）（中）〉，NBL697 號，p. 34；NBL698 號，p. 43。

❼ 新加坡資訊通信發展局 (Infocomm Development Authority of Singapore, IDA) 暨法務部共同召開審查會，針對 1998 年通過施行之電子交易法 (Electronic Transactions Act) 及其 1999 年電子交易（憑證機構）規則 (Electronic Transaction Certification Authority Regulation) 進行討論，目前主要就電子交易法第四章之電子契約之相關規範進行檢討。新加坡「電子交易法」之施行檢討，分數個階段進行。第一階段主要是針對電子交易法中對於電子契約之相關規範增修，新加坡 IDA 進行其電子交易法此次規範修訂之目的，乃配合聯合國國際貿易法委員會工作小組正在研擬之電子契約公約草案 (UNCITRAL Convention on Electronic Contracting)，期望符合電子契約之訂定規範之國際趨勢，促進其法制與各國相關法制之接軌。詳情請見網站 http://www.ida.gov.sg/idaweb/marketing/index.jsp。

第四節 案例演練

關於契約之成立

甲因工作之故北上,向乙承租A屋,並向丙購買機車代步,友人丁贈送一臺電腦給甲;甲因搬家,手頭上錢不夠而向B銀行信用貸款10萬周轉,甲上述行為成立幾種契約行為?

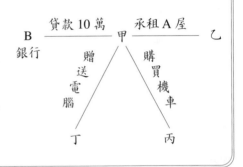

解 析

成立下列之契約:

(1)甲向乙承租A屋,甲與乙之間成立租賃契約(民法第421條)。

(2)甲向丙購買機車,甲與丙之間成立買賣契約(民法第345條)。

(3)丁贈送一臺電腦給甲,甲丁之間成立贈與契約(民法第406條)。

(4)甲向B銀行借款10萬元周轉,甲與B之間成立消費借貸契約(民法第474條)。

案例二

下列情形契約是否已經成立

A. 甲看到乙電器公司寄來之廣告上刊載「32 吋液晶電視特價 3 萬元，只限今日限量 5 臺」，甲立即趕到該公司，乙公司卻宣稱已全部賣完。

B. 甲欲購買飲料，於是將 10 元投入自動販賣機內，結果因販賣機故障，錢被機器吃掉，卻沒有拿到飲料。

C. 甲看到電視購物頻道所展示之果汁機似乎非常好用，於是打電話訂購，該購物臺之電話服務小姐確認後聲稱 5 日內可收到商品，但是甲還未收到東西前，友人乙卻送甲一臺同樣之果汁機，甲該如何？

 解　析

A. 民法於第 154 條第 2 項規定：「貨物標定賣價陳列者，視為要約。但價目表之寄送，不視為要約。」此乃民法對於要約以及要約之引誘的明文規範。要約之引誘與要約之區別在於，前者之目的在於喚起相對人為要約之表示，本人並未具體表明契約內容且尚無直接訂約之意思，是以本人不受要約拘束力之限制；後者則是本人為喚起相對人為承諾為目的而為意思表示，要約之內容明確而足以確定契約內容，本人受到要約拘束力之限制。故要約之引誘不具備拘束力；而要約具備契約之拘束力。本題乙電器公司之廣告單的寄送，乃屬民法第 154 條第 2 項但書「價目表之寄送」之情況，故乙寄送廣告單之行為係要約之引誘，甲趕至乙公司表示欲購買液晶電視始屬要約，乙表示液晶電視已賣完為拒絕要約，是以甲乙間未成立買賣契約。

B. 按民法第 154 條第 2 項前段規定：「貨物標定賣價陳列者，視為要

約。」是以業者於販賣機陳列商品並標示價格之行為視為要約之意思表示，甲投入 10 元至販賣機則為承諾之意思表示，是以契約已成立。此甲與設置販賣機之業者間成立買賣契約，但因機器故障，無法履行買賣契約之交付飲料之義務（民法第 348 條），故為一種債務不履行行為（民法第 226 條第 1 項）。

　C.按民法第 153 條第 1 項規定：「當事人互相表示意思一致者，無論其為明示或默示，契約即為成立。」甲看到購物頻道展示之果汁機非常好用，打電話訂購之行為為要約之意思表示，購物臺小姐經確認後表示五日內可收到商品，乃為承諾之意思表示，是以雙方意思表示一致，買賣契約即為成立，雖甲於未收到商品前即獲友人贈送相同之果汁機，惟由於契約已經成立，甲仍須履行其支付價金之契約義務。但此題要注意：購物頻道之買賣方式為一種特殊買賣，屬於消費者保護法第 2 條第 10 款所稱之郵購買賣，此種買賣於消保法第 19 條有無條件解約權之規定，即於「收受商品後七日內」，退回商品或以書面通知企業經營者解除契約，且無須說明理由或負擔任何費用。

案例三

契約成立之要件

　　甲希望向乙以 5 萬元購買其汽車，故於 94.6.1 以普通信件對乙發出要約，並要求乙至遲於 94.6.10 答覆，乙於 94.6.3 上午收到該信件，問：

（買受人）甲 ──5 萬元購買機車── 乙（出賣人）
94.6.1 提出要約
（94.6.10 前答覆）
（94.6.3 送達）

　A.甲所發出之要約何時生效？

　B.如事後甲後悔，甲立即以限時掛號通知乙，該限時掛號於 94.6.3 到達乙處，問甲撤回其要約是否有效？

　C.如果乙覺得甲之出價太低，故以信件通知甲希望至少以 55,000 元出售，該信件於 94.6.11 送達至甲處，問乙之行為效力如何？

解　析

A.按民法第 95 條第 1 項前段規定：「非對話而為意思表示者，其意思表示，以通知達到相對人時，發生效力。」甲以普通信件對乙發出要約，為非對話之意思表示，乙於 94.6.3 上午收到，是以甲發出之要約乃於 94.6.3 生效。

B.按民法第 95 條第 1 項但書規定：「但撤回之通知，同時或先時到達者，不在此限。」是以要約人撤回要約之意思表示只要同時或先於要約之意思表示到達相對人，要約即可發生撤回之效力。甲撤回要約之意思表示於 94.6.3 到達乙處，若撤回之意思表示與要約之意思表示同時或先行到達時，則甲撤回之意思表示即為有效。反之，若甲撤回要約之意思表示後於要約之意思表示，則甲之撤回不生效力。但要注意民法第 159 條規定「撤回通知按其傳達方法，通常在相當時期內（可達到而遲到？）先到或同時到達，且此情形為要約人（承諾人）可得而知者，相對人應向要約人（承諾人）即發遲到之通知，否則該要約或承諾撤回之通知視為未遲到」。

C.按民法第 160 條第 2 項之規定：「將要約擴張、限制或為其他變更而為承諾者，視為拒絕原要約而為新要約。」乙認為甲之出價太低，以信件通知甲希望至少以 55,000 元出售之行為，乃為變更甲要約內容之行為，而屬拒絕要約而為新要約，而該要約於 94.6.11 信件送達至甲處時生效。

 案例四

懸賞廣告

甲之愛犬多多走失了，甲心急如焚，故於公布欄張貼「尋找愛犬，尋獲者賞金 5,000 元」之公告。

A.該犬被善心人士乙所尋獲，但乙並不知甲之懸賞廣告，問甲是否仍有給付之義務？

B.事隔多日仍不見有尋獲者，故甲死心於是將該懸賞公告撕毀，而事隔二日後卻接獲鄰居乙已找到該愛犬之通知，問乙仍否向甲要求原懸賞廣告之賞金？

 解　析

A.甲為尋找愛犬而張貼懸賞廣告，惟乙不知該懸賞廣告，則甲是否有給付酬金之義務？由於修法後懸賞廣告性質為契約行為，因此懸賞廣告屬有名契約之一種，與契約屬同一債之發生原因，若完成行為之人不知有懸賞廣告，即不可能有承諾之意思表示，該懸賞廣告之契約如何能拘束廣告人及完成行為之人，限制行為能力人亦須得其法定代理人之同意始得承諾等。但因民法第 164 條之修正而採取契約說，惟設有例外之規定，即依民法第 164 條第 4 項準用同條前三項之結果，使得不知廣告而完成廣告所定行為之人取得報酬請求權，由此可知雖我國民法將懸賞廣告定性為一契約行為，但對不知廣告而完成廣告行為之人做出例外規定，是以甲對乙仍有給付報酬之義務。

B.按民法第 165 條之規定：「預定報酬之廣告，如於行為完成前撤回時，除廣告人證明行為人不能完成其行為外，對於行為人因該廣告善意所受之損害，應負賠償之責。但以不超過預定報酬額為限。廣告定有完成行為之期間者，推定廣告人拋棄其撤回權。」是以，依該規定，無預定報酬者，廣告人得隨時撤回懸賞廣告；有預定報酬者，則因廣告是否定有完成行為之期間有異，若廣告定有完成期間，則推定廣告人拋棄其撤回權；若未定有期間，則廣告人得於行為完成前，撤回廣告，惟須就行為人因該廣告善意所受之損害，負賠償之責。本題甲之懸賞廣告未定有期間，是以甲得撤回其廣告，乙不得請求酬金。惟乙可向甲請求因善意信賴廣告所受到之損害賠償，如乙為找尋該犬所耗費之人力或物力，但所得請求之損害賠償不得

超過預定之報酬額。

案例五

關於事實上之契約

　　甲之五歲兒子大明，喜歡玩電話，某日趁父母不注意時，拿起電話就撥，結果竟然撥到美國，問甲可否主張大明為無行為能力人，所為之行為無效？

 解　析

　　契約因當事人意思表示合致而成立，若該意思表示無效或被撤銷時，該契約自亦失其效力。惟有些契約非基於雙方當事人之意思表示之合意而成立，而係因社會的給付義務而發生所謂之事實上契約關係。例如，自來水、電力、鐵公路等大眾運輸系統等一般人日常生活所不能欠缺之需求。此類物質或服務之提供者常為政府或企業財團，以廣大之一般民眾為對象，基於政府或企業財團對一般人所負之社會給付義務而發生契約關係。由於交易數量大且政府或企業有時無法知悉交易相對人為誰，故常以特別法之方式排除民法關於行為能力以及意思表示瑕疵之法律適用。是以依電信法第9條規定，無行為能力人或限制行為能力人使用電信之行為，對於電信事業，視為有行為能力人。故法定代理人甲不能主張大明係無行為能力人，其撥打電話之行為無效。

第3章

契約之效力

第一節　概　說

　　契約依不同之區別標準產生種種類型，其契約效力各有不同，惟仍有一共通之效力，因契約仍屬債之發生原因之一，是以，能適用於各個債之發生原因之效力者，亦能適用於契約，如債務不履行、債之保全……等。本書於此先不就債之共通效力討論，僅就契約之共通效力討論。契約效力之內容，大體上可分為締約過失責任、契約之標的不能、契約之確保、契約之解除、契約之終止、同時履行抗辯與不安抗辯、危險負擔、雙務契約及涉他契約等，除契約之解除與終止較為複雜，本書另闢專章討論外，其餘則於本章中逐項討論之。

第二節　締約過失責任

締約過失責任
- 意義
- 修法前關於締約上之過失責任
- 締約上過失之類型
- 修法後關於締約上過失責任之規定
- 關於締約上過失責任之構成要件
- 法律效果
- 消滅時效

一、意　義

　　契約及侵權行為乃是民事責任發生之主要原因。契約必須在成立生效後才發生契約之效力，亦即契約雙方當事人始須遵循契約內容而享有權利負擔義務，因此在契約尚未成立生效之前，該契約對於雙方當事人並無拘束力可言。然而雙方當事人為了要順利簽訂契約，在簽約之前往往會接觸而進行磋商，從當事人雙方開始接觸至契約成立生效前，因為準備契約所受之損害，則非契約責任之範圍，是以若在締約階段因他方當事人之故意或過失行為所受之損害，須依侵權行為請求損害賠償，惟依侵權行為請求有以下缺點❶：

㈠得依民法第 184 條第 1 項前段請求者，限於權利

　　第 184 條第 1 項前段的客體限於權利，惟準備、磋商契約所付出的往往是時間以及準備締結契約的費用，乃屬純粹經濟上損失，而非第 184 條第 1 項前段所保護之客體。

㈡依民法第 184 條第 1 項後段，行為人之主觀要件限於「故意背於善良風俗」

　　第 184 條第 1 項後段所保護之客體雖不限於權利，而及於利益，惟限於行為人以故意背於善良風俗之方法而損害他方始得請求，是以行為人主觀上不但須為故意，並且須背於善良風俗，主觀要件限制較為嚴格，從而若行為人主觀上僅有過失，因而受損之他方即不得依此規定而獲得賠償。

㈢民法第 188 條第 1 項之免責規定，可能導致被害人僅能向無資力之受僱人請求損害賠償

---

❶　王澤鑑,〈締約上之過失〉,《民法學說與判例研究第一冊》, 作者自版, 1998 年, pp. 84～85。

若締約之一方僅為受僱人，在締約階段因受僱人之故意或過失而使他方受到損害，他方雖可依第188條第1項前段請求僱用人連帶負賠償責任，惟僱用人如依同條第1項但書舉證免責的話，此時受害人僅能向較無資力的受僱人請求損害賠償，對受害人之保護不足。

(四)侵權行為之損害通常是指現存利益的減損

侵權行為所謂之損害，通常是指現存利益的減損，然而在締約過程中，被害人所遭受的往往是因其所期待的契約不成立或無效，所致喪失契約上之給付請求權，此損失能否依侵權行為請求尚有疑義。

由以上可知，契約及侵權行為法不足以保障締約階段時雙方當事人之權利，因而產生了介於契約責任及侵權責任間之一種特殊民事責任制度❷，即締約上過失責任 (culpa in contrahendo)。

二、修法前關於締約上之過失責任

我國民法典於民國88年修正前，關於締約上之過失責任，尚缺乏一般原則的規範，學者多援引民法相關規定為據。如民法第91條意思表示錯誤之處理、第110條無權代理之規定及第247條等，皆為我國關於締約上過失責任之特殊規定❸。

茲分別說明如下：

(一)錯誤意思表示之撤銷

民法第91條規定：「依第88條及第89條之規定，撤銷意思表示時，表意人對於信其意思表示為有效而受損害之相對人或第三人，應負賠償責任。但其撤銷之原因，受害人明知或可得而知者，不在此限。」此乃關於撤銷錯誤意思表示後之損害賠償規定，惟限於意思表示內容錯誤或不知情事，非由表意人自己之故意所引起，表意人始得撤銷之，藉此保障相對人。

---

❷ 王澤鑑，前揭《債法原理第一冊》，p. 258。

❸ 林誠二，《民法債編總論下冊》，瑞興書局，1992年初版，p. 199。

(二)無權代理

民法第 110 條規定：「無代理權人，以他人之代理人名義所為之法律行為，對於善意之相對人，負損害賠償之責。」無權代理人在此所負為法定擔保責任。

(三)自始客觀給付不能

民法第 247 條第 1 項規定：「契約因以不能之給付為標的而無效者，當事人於訂約時知其不能或可得而知者，對於非因過失而信契約為有效致受損害之他方當事人，負賠償責任。」此乃是典型的締約上過失責任。

以上三種情況，契約均未有效成立，其損害賠償責任是基於上開法律之規定而生，乃為法定債之關係。

締約上過失制度是建立在先契約義務的概念上❹。即當事人為了締結契約而進行接觸磋商之際，已由一般普通關係進入特殊聯繫關係，相互之間建立了一種特殊的信賴關係，依誠實信用原則，當事人負有協力、通知、照顧、保護、忠實等附隨義務❺，論其性質與強度，超過一般侵權行為法上的注意義務，故屬契約法之補充規定。

三、締約上過失之類型

締約過失責任乃是以誠信原則作為基礎而發展，依契約之締結過程，大致可分為下列四種類型❻：

(一)契約僅止於磋商未臻締結

在契約交涉之階段，因一方當事人之言行或舉動，致使他方產生契約得以成立之信賴，並基於此信賴而投入締約費用，最後因該當事人之故意

---

❹　王澤鑑，〈締約上之過失〉，前揭《民法學說與判例研究第一冊》，p. 85。

❺　王澤鑑，同前註，p. 85。

❻　劉春堂，《民法債編通則(一)》，三民書局，2001 年初版，pp. 187～192。

或過失而導致契約未臻締結，則對他方當事人所受之損害應負賠償責任。此即為中斷交涉之類型。

㈡契約無效或不成立

此乃指在締結契約之準備階段，因一方當事人之過失，致使契約無效或不成立。我國民法第 247 條對於契約因標的不能而無效之損害賠償責任設有明文。至於其他非因標的不能之契約無效或不成立之類型，視其情況除可類推適用民法第 247 條之規定外，並可適用民法第 245 條之 1 第 1 項第 3 款之規定，作為救濟。

㈢締結不利契約之內容

在此情況，契約已有效成立，惟由於一方當事人於締約階段時違反誠信原則，未為說明或為不真實之陳述或不為完全正確之陳述，導致契約內容違反他方當事人之合理期待，而受有損害。此類型常發生於當事人一方擁有專業知識、特殊技能及情報，因此為使契約內容達到公平合理，當事人除可依定型化契約之相關規定作為請求外，尚可視其情形適用民法第 245 條之 1 第 1 項第 3 款之規定。

㈣以契約磋商或準備為機緣之加害行為

此乃指在締約階段，因一方當事人影響範圍內之過失，致他方當事人之生命、身體、健康或財產受到損害之情況。有認為由於我國侵權行為法上之交易安全義務未如德國法已達發展成熟，因此應可適用締約上過失，令行為人負損害賠償責任❼。惟此情況通常與締約內容並無關連，且被害人得依民法第 184 條及第 191 條之規定請求損害賠償，是以尚無以締約上過失作為請求基礎之必要。

---

❼ 林美惠，〈締約上過失及其諸類型之探討──附論民法增定第二四五條之一〉，《月旦法學雜誌》，第 87 期，2002 年 8 月，p. 159。

四、修法後關於締約上過失責任之規定

　　民國 88 年債編修正後，增訂民法第 245 條之 1：「契約未成立時，當事人為準備或商議訂立契約而有左列情形之一者，對於非因過失而信契約能成立致受損害之他方當事人，負賠償責任：一、就訂約有重要關係之事項，對他方之詢問，惡意隱匿或為不實之說明者。二、知悉或持有他方之祕密，經他方明示應予保密，而因故意或重大過失洩漏之者。三、其他顯然違反誠實及信用方法者。前項損害賠償請求權，因二年間不行使而消滅。」第 1 款及第 2 款乃分別規定告知及保密義務，第 3 款則屬於概括條款，凡是違反誠實信用原則者，當事人須對此負起損害賠償責任。

　　例如：甲與乙相約到華大電影院見面，甲先到電影院，由於戲院剛拖地濕滑甲不慎滑倒，甲可依本條第 1 項第 3 款規定「其他顯然違反誠實及信用方法者」，請求戲院負損害賠償之責❽。

五、關於締約上過失責任之構成要件

　　依民法第 245 條之 1 規定其構成要件如下❾：

　1. 準備或商議訂立契約。

　2. 具有可歸責之事由。

　3. 須致他方當事人受有損害。

　4. 侵害行為與損害具有因果關係。

　5. 加害人具有行為能力。

　6. 他方當事人非因過失而信契約能成立。

　　分述如下：

(一)準備或商議訂立契約

---

❽　學者認為此乃戲院對於顧客負有保護與維持義務而來。黃立，前揭《民法債編總論》，p. 45。

❾　王澤鑑，前揭《債法原理第一冊》，p. 271。

有疑問者在於本條文之適用，於所謂「契約未成立時」，其涵義為何，學說迭有爭議。有學者認為民法第 245 條之 1 關於締約上過失責任，限於契約磋商後之結果係「契約未成立時」，當事人始應負責，契約已有效成立者，則不生締約上過失責任❿。但另有學者認為，本條文乃是為保障雙方當事人於準備磋商締約階段之權利，避免雙方因契約未成立而不能以契約作為求償基礎，因依侵權行為法對當事人之保障稍嫌不足，故本條之重點應在於加害人可歸責之事由乃係發生在「契約未成立時」，至於契約之後是否成立在所不問，如此始能提供雙方當事人完整之保障，防止惡性重大之加害人藉由契約之成立而規避締約過失責任⓫。

　　然吾人認為，就法條文義解釋以及參照當初立法者之真意⓬，以及條文「對於非因過失而信契約能成立致受損害之他方當事人，負賠償責任」之文義，並就該條之法律效果在於當事人僅得請求信賴利益之損害賠償論斷，該條應僅限於雙方當事人於契約未締結之情形者方有適用⓭。

㈡具有可歸責之事由

1.告知或說明義務之違反

　　依本條第 1 項第 1 款之規定，就訂約有重要關係之事項，對他方之詢問，惡意隱匿或為不實之說明而致他方受有損害，應負損害賠償責任。本款乃是規範告知或說明義務，說明如下：

　　(1)準備或商議訂立契約之一方當事人並無主動告知或說明義務，須經他方詢問後而為惡意隱匿或為不實之說明始足當之。學者認為此乃由於資

---

❿　孫森焱，《民法債編總論下冊》，作者自版，2001 年 10 月修訂版，p. 684。

⓫　王澤鑑，前揭《債法原理第一冊》，p. 270。

⓬　參照民法研究修正委員會第 782 次會議紀錄。

⓭　學者黃茂榮及林美惠均認為我國之立法者對於締約過失之適用(民法第 245 條之 1) 採取保守心態，黃茂榮，〈締約上過失〉，《植根雜誌》，第 18 卷第 7 期，2002 年 7 月，p. 271。林美惠，前揭〈締約上過失及其諸類型之探討——附論民法增定第二四五條之一〉，p. 163。

訊取得需要成本，且在準備磋商階段，契約是否能成立乃未知數，因此在磋商階段應容許當事人有所保留❶。

(2)由於雙方當事人的資訊落差，在一定要件下，一方當事人就訂約重要關係之事項，應為告知及說明，以符合誠信原則。甚者，在未經他方詢問，而一方當事人主動惡意為不實告知情形，縱不符本款「需經他方詢問」之要件，亦應類推適用本款或適用本條第 1 項第 3 款規定❶。

(3)惟在未締結契約前，法律實不應課予雙方當事人過重的義務，否則將使一般人怯於與人締約，是以並非所有事項，一經他方詢問，即有本款之適用，而必須從嚴認定詢問事項是否屬於與訂約有重要關係之事項以及當事人主觀惡意之程度❶。

(4)本款主觀要件為「惡意隱匿或為不實之說明」，有學者認為可能會與民法第 184 條第 1 項後段之要件有所重疊，而影響本款適用之實益❶。惟民法第 184 條第 1 項後段須故意背於善良風俗，主觀要件較為嚴格，因此本款有其存在之必要，若原因事實同時符合民法第 184 條第 1 項後段之要件時，可與本款發生競合。

(5)一方當事人於訂約時，經他方詢問而為不實說明時，他方當事人於契約成立後得依民法第 92 條之規定撤銷被詐欺之意思表示，被詐欺者於此情形亦可選擇不撤銷意思表示而請求對造依契約履行，惟有學者認為此時被詐欺者如欲請求損害賠償，必須依照債務不履行之規定而非締約上過失❶。

2.保密義務的違反

❶ 王澤鑑，前揭《債法原理第一冊》，p. 273。

❶ 王澤鑑，前揭《債法原理第一冊》，p. 273。

❶ 蘇永欽，〈締約過失責任的經濟分析──從現代交易的階段化談起〉，《臺大法學論叢》，第 33 卷第 1 期，2004 年 1 月，p. 24。

❶ 林美惠，前揭〈締約上過失及其諸類型之探討──附論民法增定第二四五條之一〉，p. 155。

❶ 黃茂榮，前揭〈締約上過失〉，pp. 24～25。

依本條第 1 項第 2 款之規定，知悉或持有他方之祕密，經他方明示應予保密，而因故意或重大過失洩漏之者，應負損害賠償責任。本款乃是規定保密義務，說明如下：

　　(1)當事人為促成契約之締結，難免會透露商業機密，誘使他方當事人與之締結契約。商業祕密乃是交易者於自行評估後而決定投入或保留，此成本原本應為揭密者之締約成本，惟基於經濟效益之考量，賦予他造保密義務時，他造僅以不作為即可滿足法律上之要求，是以有此款之規定，惟為避免課予他造過度之責任，本款要件限於祕密所有人對保密的明示以及洩漏者須為故意或重大過失❶❾。

　　(2)一方當事人違反此款保密義務應負之責任與將來契約是否成立無涉，縱使契約其後成立，洩密者亦應負責。惟本款限於經他方明示應予保密之事項之情況，對於未經明示應予保密之事項，一方當事人於明知對方有保密之需要而仍故意洩漏之情形，可能無法規範。在現行法下，僅得適用本條第 1 項第 3 款之規定或依侵權行為之規定為救濟。

　　(3)又在一方當事人使用他方祕密之情形，雖非本款規定的對象，但亦屬違反誠信之行為，而得適用第 3 款之規定❷⓿。

3.其他顯然違反誠信及信用方法

　　依本條第 1 項第 3 款之規定，其他顯然違反誠信及信用方法致他方當事人受損害，負損害賠償責任。本款為概括條款，說明如下：

　　(1)本款之規定前二款有所不同，條文以「顯然」違反誠實信用原則為要件，該責任之成立是否仍需以故意過失為要件，有學者認為依文字觀察該款並不以故意過失為必要❷❶。惟另有學者認為如何認定顯然，應由法院依社會觀念為價值判斷❷❷。

　　(2)基於契約自由原則，當事人對於締約與否原本即有決定之自由，惟

---

❶❾　蘇永欽，前揭〈締約過失責任的經濟分析——從現代交易的階段化談起〉，p. 26。

❷⓿　王澤鑑，前揭《債法原理第一冊》，p. 275。

❷❶　黃立，《民法債編總論》，元照出版公司，2002 年 9 月二版，p. 45。

❷❷　孫森焱，前揭《民法債編總論下冊》，p. 698。

在締約過程中，一方當事人因故意或過失引發相對人誤信契約有締結之可能性後，又脫離交涉時，此中斷締約交涉之情形是否構成本款？學者認為，可依交涉之進展狀況、先行關係或先行準備行為的存在、交涉之主導權、當事人是否適當地履行通知與警告義務，及依業界之習慣、交易之種類及對價等要素作為判斷之考量❷❸。

(三)須致他方當事人受有損害

締約上過失之損害賠償包括費用之支出、喪失締約機會等純粹經濟上損失。

(四)侵害行為與損害具有因果關係

行為人之侵害行為須與損害具備相當因果關係。

(五)加害人具有行為能力

締約上過失損害賠償責任，以加害人有行為能力為要件，以貫徹民法第75、79條保護無行為能力人或限制行為能力人之意旨，蓋此等人單獨所訂立之契約，既不生效而不須負契約責任，同理，亦不應使其負擔締約上過失之責。但注意的是，若具備侵權行為要件，則應適用民法第187條之規定。

(六)他方當事人非因過失而信契約能成立

依民法第245條之1之規定，締約上過失之損害賠償責任須以他方無過失為要件。在一方當事人違反保密義務時，不生非因過失而信契約能成立的問題，因此當被害人對於損害之發生或擴大有過失時，則應適用民法第217條與有過失之規定，法院得減輕或免除賠償金額❷❹。

---

❷❸　陳洸岳，〈中斷交涉與締約上過失責任的序論研究〉，《民法研究④》，p. 37，發表於民法研討會第十四次研討會。

❷❹　王澤鑑，前揭《債法原理第一冊》，p. 280。

六、法律效果

　　具備民法第 245 條之 1 之要件，受害之當事人得依該條規定請求損害賠償。該損害賠償之範圍依學者通說以信賴利益為限，至於履行利益則不在可請求之範圍內[25]。有爭議者在於信賴利益是否以履行利益為上限，有認為此項信賴利益之損害賠償範圍不受履行利益之限制[26]。惟亦有學者認為若信賴利益之損害超過履行利益之損害時，賠償責任應以履行利益為限，蓋縱使契約成立，當事人所得之利益乃以履行利益為限，因此在契約不成立之情況下，損害賠償之金額亦應以履行利益為限，始為合理[27]。值得注意的是，有學者認為統一以信賴利益作為損害賠償範圍之立法方式值得商權，應以交易之階段及情況，個案認定損害賠償之範圍，可供參考[28]。

七、消滅時效

　　按民法第 245 條之 1 第 2 項規定，締約上過失之損害賠償請求權，因二年間不行使而消滅。

---

[25]　王澤鑑，前揭《債法原理第一冊》，p. 279。孫森焱，前揭《民法債編總論下冊》，p. 689。邱聰智，前揭《新訂民法債編通則（下）》，p. 525。而學者黃立認為締約過失責任只是類似契約的責任但非契約所生之債之關係，只是部分依據契約原則處理的侵權行為責任，故締約過失之損害賠償仍可主張履行利益，參照黃立，前揭《民法債編總論》，pp. 46～47。而學者黃茂榮認為，應視具體情況而定，原則上以信賴利益為原則，但例外可歸責一方有故意，且契約已經即將進入民法第 153 條第 2 項之階段時，應賠償履行利益甚至約定之給付義務，黃茂榮，前揭〈締約上過失〉，p. 261。本文認為締約過失責任以契約未成立為要件，因此以通說見解為主。

[26]　王澤鑑，前揭《債法原理第一冊》，p. 279。

[27]　孫森焱，前揭《民法債編總論下冊》，p. 689。

[28]　蘇永欽，前揭〈締約過失責任的經濟分析——從現代交易的階段化談起〉，p. 24。

第三節　契約標的不能之法律效果

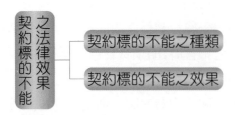

契約之標的須可能、適法、確定，此為契約成立之要件之一。契約標的若非可能之標的，則其法律效果如何，即為此處所討論之契約標的不能之情形。

一、契約標的不能之種類

㈠主觀不能及客觀不能

如何區分該標的之不能係主觀或客觀不能，學說尚有不同之分類標準❷，但以給付之當事人做區分標準，為現行常見之方式：

1.以可否歸責於債務人之事由區分，如該不能係基於可歸責於債務人之事由所致者，為主觀不能；反之，則為客觀不能。

2.以該不能之事由是否僅存在於債務人而區分，如該不能之事由僅存在於債務人，而仍有其他人得履行者，則為主觀不能；如全無其他人得履行者，則為客觀不能。

3.若該標的之不能從客觀觀之，仍有他人可履行者，則為主觀不能；若該標的之不能從客觀觀之，全無任何人可履行者，則為客觀不能。

總而言之，如果任何人均無法實現者為客觀不能，如果除了債務人本身之外，其他之人可以實現者為主觀不能❸。例如甲答應要送乙，一輛可

---

❷　孫森焱，前揭《民法債編總論下冊》，pp. 509～514 有詳細之介紹。

登上太空之摩托車，因為此種摩托車事實上並未存在，故此贈與契約以不能為標的，依民法第 246 條第 1 項契約無效 ❸ 。

㈡自始不能及嗣後不能

從契約成立之前或之後，發生不能之事由為區分。契約成立之前已存在不能之事由者，為自始不能；契約成立後始發生不能之事由者，為嗣後不能。

㈢事實上不能及法律上不能

依其不能之原因係由於物理上之絕對不能，或僅為法律上之規定而不能為區分標準。如買賣契約之標的已因火災而燒毀者，為事實上不能；如買賣法律所禁止買賣之物，如買賣毒品者，屬法律上不能。

㈣一部不能及全部不能

給付之標的若屬可分，可能會產生僅有一部給付不能之情形。

㈤可歸責及不可歸責之給付不能

此為給付不能類型相當重要之區分標準，是否可歸責於當事人之事由致給付不能，除契約另有約定或法律另有規定外，在有償契約中，當事人所負責任為抽象輕過失（即善良管理人注意義務），在無償契約中，當事人

---

❸ 林誠二，前揭《民法債編總論下冊》，p. 206。「主觀給付不能」須係基於債務人個人意思而致不能者；「客觀給付不能」須以通常人處於債務人之地位是否不能以為決定。

❸ 但須注意於買賣之情形，甲向乙推銷其有治療肺癌之新藥專利權，於是甲乙成立專利權之買賣契約，乙方才發現根本無此專利權之存在，如依民法第 246 條第 1 項此契約無效，但因買賣部分於第 350 條規定出賣人應擔保確係存在之權利瑕疵擔保責任，故第 350 條為第 246 條之特別規定，該契約並非無效而是甲對乙要負權利之瑕疵擔保責任。

所負責任為具體輕過失（即與管理自己事務相同之注意義務），是以，當事人若違背自己應負之注意義務致給付不能者，則屬可歸責，反之，則屬不可歸責。應注意者，是否為可歸責於當事人之事由致給付不能係相對性之概念，該給付不能可能係可歸責於一方當事人之事由所致，卻非可歸責於他方之事由所致。

二、契約標的不能之效果

契約標的之不能應賦予何種法律效果？以下就我國民法之規定說明，依契約標的不能之各該情況，有下列之法律效果：

(一)自始客觀不能

依民法第 246 條第 1 項本文之規定：「以不能之給付為契約標的者，其契約為無效。」此之不能之給付，通說以為僅指客觀不能之給付，不包括主觀不能之給付。是以，在締約時以客觀不能之給付為締約之標的者，該契約無效❸❷。但應注意但書之規定：「但其不能情形可以除去，而當事人訂約時並預期於不能之情形除去後為給付者，其契約仍為有效。」❸❸例如，舊土地法第 30 條第 1、2 項「私有農地所有權之移轉，其承受人以能自耕者為限」，如當事人訂約時有預期買賣之農地即將變為非農地之情形，則約定出賣農地與無自耕能力人之買賣契約，有民法第 246 條第 1 項但書及第 2 項之情形，契約仍然有效❸❹。此外，因民法第 246 條第 1 項之規定，通說以

❸❷　黃立，前揭《民法債編總論》，p. 485。王澤鑑，前揭《民法學說與判例研究第一冊》，pp. 419～421。鄭玉波，前揭《民法債編總論》，p. 331。史尚寬，前揭書，p. 488。

❸❸　最高法院 70 年臺上字第 4537 號判例：「以不能之給付為契約之標的，如其不能情形可以除去，而當事人訂約時並預期於不能之情形除去後為給付者，依民法第 246 條第 1 項但書規定，固應認其契約仍為有效。惟在不能之情形除去前，債權人尚不得據以對債務人為給付之請求。」

❸❹　最高法院 74 年臺上字第 1781 號判例。

為並不包括主觀不能，是以，以自始主觀不能之給付為標的之契約仍屬有效，但若當事人於履行期屆至時仍無法履行者，應依權利瑕疵擔保責任負履行利益之損害賠償責任❸。例如出賣他人之物，為最典型之自始主觀不能之情形。甲出賣乙寄放於甲處之機車給丙，於甲丙間成立買賣契約之際，該機車所有權為乙所有，出賣人甲並未取得機車之所有權，故無法對買受人丙履行移轉所有權之義務，但標的物之所有權人卻是可以實現該契約內容之人，故為一種自始主觀不能之情形，應為仍有實現之可能性，故不應認為其為無效，而應促使出賣人想辦法實現契約內容，因此若乙將該車送給甲時（或甲向乙購買機車取得所有權）❸，則甲仍然可以履行其對丙之債務。若甲於履行期屆至，仍無法取得所有權時，則違反買賣第 348 條之債務不履行之規定，買受人依第 226 條第 1 項請求損害賠償。

㈡嗣後不能

契約訂立後始發生給付不能之情事者，為嗣後不能，不論該不能係主觀不能或客觀不能，如為單務契約，則依民法第 225 條及第 226 條之規定定其權利義務關係；如為雙務契約，則須再依同法第 266 條及第 267 條之規定決定雙方之權利義務關係。

㈢一部給付不能

若給付之標的一部自始客觀不能，因自始客觀不能之法律效果依民法

---

❸　史尚寬，前揭《債法總論》，p. 488。王澤鑑，前揭《民法學說與判例研究第三冊》，p. 41。但學者孫森焱認為，民法第 246 條第 1 項係指「自始永久不能」，其認為不能之意義，應依社會觀念認為不能給付者足以當之，毋區別主觀或客觀不能之必要。孫森焱，前揭《民法債編總論下冊》，p. 702。

❸　最高法院 33 年上字第 2489 號判例：「公同共有人中之一人，以公同共有物所有權之移轉為買賣契約之標的，並非所謂以不能之給付為契約標的，其移轉所有權之處分行為，雖因未經其他公同共有人之承認不能發生效力，而其關於買賣債權契約則非無效。」

第 246 條第 1 項本文之規定為無效,是以,依同法第 111 條之規定:「法律行為之一部分無效者,全部皆為無效。但除去該部分亦可成立者,則其他部分,仍為有效。」故契約標的如為可分,及除去無效之部分亦可成立時,其餘部分仍為有效,否則,契約全部無效 **❸**。

若該一部不能非自始客觀不能,則須視該給付是否可分,若為可分,則給付不能之部分應適用關於給付不能之相關規定,尚未給付不能之部分則仍應依約履行;若為不可分,則按其給付不能之類型,適用全部給付不能之相關規定處理。

第四節　契約之確保

契約之確保係指定金與違約金,用以促使契約當事人履行其契約義務,並保障一方當事人於他方當事人發生契約不履行時之損失,得以獲得填補。

一、定　金

甲看中乙商店一只白金戒指,但因甲身上錢不夠,乙商店之老闆答應甲付些許的定金,即代為保留該戒指,故甲先付五百元之定金。而甲回家

---

❸ 91 年臺上字第 821 號判決:「按民法第 111 條但書之規定,非謂凡遇給付可分之場合,均有其適用。尚須綜合法律行為全部之旨趣,當事人訂約時之真意、交易之習慣、其他具體情事,並本於誠信原則予以斟酌後,認為使其他部分發生效力,並不違反雙方當事人之目的者,始足當之(參見本院 75 年臺上字第 1261 號判例)。」

途中又看到丙店之白金戒指更加便宜，且更適合甲，問甲可否向乙主張返還定金？

本題中當事人之契約是否已經成立？依民法第345條第2項買賣契約規定，當事人就標的物、價金互相同意時契約即為成立。故依題意甲乙間之買賣契約即為成立。除非當事人另有約定，否則定金之交付為一擔保契約履行之從契約。甲事後後悔，依第249條第2款規定，若歸責於付定金當事人之事由，致不能履行時，定金不得請求返還。

(一)定金之意義

所謂定金，係指當事人之一方為確保契約之履行，所交付他方之金錢或其他代替物。現實生活之中，雙方當事人於締約之際往往藉由定金之交付，以確保契約之成立與履行。原則上定金不以金錢為必要，代替物亦可為定金，惟不可代替物絕不可為定金。

(二)定金之類型

定金依其作用之不同可分為下列五種類型：

1. 立約定金

於締約交涉階段（契約成立前），為確保將來契約有效訂立，乃先支付定金於他方之定金❸。

2. 成約定金

以交付定金，作為契約成立之要件。

---

❸　最高法院90年臺上字第1405號判決：「契約成立前交付定金，用以擔保契約之成立，即通常所謂之『立約定金』，交付立約定金者，除當事人另有約定，應依其約定外，如付定金之當事人拒不成立主契約，則受定金之當事人毋庸返還其定金，如受定金之當事人拒不成立主契約，即應加倍返還。此項定金，雖與一般為確保契約履行而交付之定金，係以主契約之存在為前提，兩者於本質上尚屬有間，是民法第248條規定，於『立約定金』即無適用餘地，惟仍應類推適用民法第249條之規定。」

3.證約定金

以定金之交付為由，作為證明當事人間契約已經成立之方法。民法第248 條規定「訂約當事人之一方，由他方受有定金時，推定其契約成立」，依此定金具有證明契約成立之效力。

4.違約定金

以定金之交付，作為契約不履行時損害賠償之擔保者❸。

5.解約定金

以定金之交付作為保留解除權之代價，即交付定金者得於事後解除契約，但交付之定金則歸於他方；而收受定金之當事人亦得加倍返還定金以解除契約❹。

民法修正前第248 條規定：「訂約當事人之一方，由他方受有定金時，其契約視為成立。」此條規定無疑將定金定為成約定金之性質❹，只要當事人一方收受訂金，該契約即「視為」成立，而不論該契約為諾成契約或要物契約之性質；其後將第248 條規定修正為：「訂約當事人之一方，由他方受有定金時，推定其契約成立。」法文既以「推定契約成立」，則當事人可證明交付定金時契約尚未成立，即允許當事人以反證推翻之❹。除此之外基於契約自由原則，定金交付之作用為何，可依當事人之意思決定，可為違約性質之定金或解約性質之定金。若無法依當事人間之意思決定為何種性質之定金，則依法律之規定定之。故當事人間如有定金之交付，推定以確保契約之履行為目的，此時以確保主契約存在之定金契約即為一從契約之性質❹。而此從契約，可能為成約定金、立約定金或正約定金或為違約

---

❸　最高法院77 年臺上字第767 號判決。

❹　最高法院72 年臺上字第85 號判例：「解約定金，係以定金為保留解除權之代價，定金付與人故得拋棄定金，以解除契約；定金收受人亦得加倍返還定金，以解除契約。惟此項解除須於相對人著手履行前為之，相對人已著手履行時，則不得再為此項解除權之行使。」

❹　孫森焱，前揭《民法債編總論下冊》，p. 725。

❹　參民法88 年修正理由。

定金或解約定金。

㈢定金之效力

定金交付之後，關於定金之效力，於民法第 249 條有所規定，是以，若當事人無特別訂定，則依該條之規定定其效力。以下即就該條之規定分析其效力：

1.契約履行時，定金應返還或作為給付之一部分（民法第 249 條第 1 款）。蓋定金本為確保債務履行之手段，故債務既已履行，定金自應返還，惟為便利故，亦可直接作為給付之一部而毋庸返還。

2.契約因可歸責於付定金當事人之事由，致不能履行時，定金不得請求返還（民法第 249 條第 2 款）❹。本款須區分單務契約與雙務契約而適用之：

⑴單務契約

A.付定金者若為單務契約之債權人時，因不可歸責於債務人之事由致給付不能時，依民法第 225 條第 1 項之規定，債務人免給付義務，而債權人亦無損害賠償之義務（無民法第 267 條之適用），無契約確保之問題，債務人應將收受之定金返還，無本款之適用。

B.付定金者若為單務契約之債務人，契約因可歸責於債務人之事由給付不能時，依民法第 226 條第 1 項之規定，債權人即收受定金之當事人，得依本款之規定沒收其定金作為損害賠償之用。

⑵雙務契約

A.契約因可歸責於給付定金之當事人之事由致自己不能履行者，依民

---

❹ 定金契約為一從契約、要物契約、非要式契約。參見黃立，前揭《民法債編總論》，p. 491。

❹ 最高法院 63 年臺上字第 2367 號判例：「民法第 249 條第 3 款規定之加倍返還定金，以契約因可歸責於受定金當事人之事由致不能履行為其前提，與民法第 259 條第 2 款規定之附加利息償還所受領之金額，須以解除契約為前提者不同。」

法第 249 條第 2 款之規定,不得請求返還交付之定金,且須依民法第 226 條第 1 項之規定,負損害賠償責任。

B.契約因可歸責於給付定金之當事人之事由致他方當事人不能履行者,他方當事人依民法第 225 條第 1 項免給付義務,且尚得依同法第 267 條之規定請求對待給付,即付定金之當事人之債務仍存在,並無債務不履行損害賠償責任之發生,故無本款之適用。他方當事人應依第 249 條第 1 款之規定,將定金返還或作為給付之一部。

3.契約因可歸責於受定金當事人之事由,致不能履行時,該當事人應加倍返還其所受之定金❹ (民法第 249 條第 3 款)。

(1)單務契約

A.受定金之當事人為單務契約之債權人,而契約因可歸責於債權人之事由之致不能履行時,即係因不可歸責於債務人之事由之給付不能時,債務人依民法第 225 條第 1 項之規定免給付義務,而債務人對債權人又無損害賠償義務,故債權人應依本款之規定加倍返還其定金。

B.受定金之當事人為單務契約之債務人,而契約因可歸責於受定金之當事人之事由致不能履行時,即係因可歸責於債務人之事由致給付不能時,依民法第 226 條第 1 項之規定,債務人尚須對債權人負損害賠償責任,此時債務人應依本款之規定加倍返還其定金。

(2)雙務契約

A.契約因可歸責於給付定金之當事人之事由致自己不能履行時,受定金之當事人依民法第 226 條之規定應負損害賠償責任,故有本款之適用,受定金之當事人應加倍返還所收受之定金。

B.契約因可歸責於給付定金之當事人之事由致他方當事人不能履行

---

❹ 最高法院 71 年臺上字第 2992 號判例:「契約當事人之一方,為確保其契約之履行,而交付他方之定金,依民法第 249 條第 3 款規定,除當事人另有約定外,祇於契約因可歸責於受定金當事人之事由,致不能履行時,該當事人始負加倍返還其所受定金之義務,若給付可能,而僅為遲延給付,即難謂有該條款之適用。」

時，他方當事人依民法第 225 條第 1 項之規定免給付義務，且尚得依同法第 267 條之規定請求對待給付，是以，受定金之當事人仍負有給付義務，而付定金之當事人已無給付義務，是以該定金應於受定金之當事人履行給付義務時應返還之（民法第 249 條第 1 款）。

4.契約因不可歸責於雙方當事人之事由，致不能履行時，定金應返還之（民法第 249 條第 4 款）。

若為單務契約，債務人民法第 225 條第 1 項之規定，債務人免給付義務；若為雙務契約，依民法第 225 條第 1 項及第 266 條第 1 項之規定，債務人及債權人均免其給付義務，雙方不負對待給付義務亦無損害賠償請求權之問題，故契約因不可歸責於雙方當事人之事由，致不能履行時，依民法第 249 條第 4 款定金應返還之。

民法第 249 條第 2 款至第 4 款中所稱之「不能履行」，依最高法院之見解❹，係指給付不能之意，故，在第 2 款至第 4 款之情形下，除依上述條文定其定金之歸屬外，尚須依給付不能之規定決定相關之法律關係。惟孫森焱教授認為，第 3 款屬違約金之規定，且為最低賠償額之預定，當支付之價金過高且與當事人所受損害顯不成比例時，應作為價金之一部先付❹。

二、違約金

㈠違約金之意義

違約金，當事人為確保債務之履行，約定債務人於債務不履行時應支付之金額之謂也。民法第 250 條第 1 項:「當事人得約定債務人於債務不履行時，應支付違約金。」違約金之約定，學者大多認為違約金應屬從契約之性質❹，亦即違約金之成立、消滅，應從屬於主契約。惟最高法院卻認為 ❹，

---

❹　參最高法院 28 年滬上字第 239 號判例、43 年臺上字第 607 號判例等。

❹　孫森焱，前揭《民法債編總論下冊》，p. 730。

❹　黃立，前揭《民法債編總論》，p. 496。孫森焱，前揭《民法債編總論下冊》，p. 744。鄭玉波，《民法債編總論》，2002 年修訂二版，p. 339。此外認為違約

違約金為獨立存在之契約。

(二)違約金之類型

違約金依其約定之目的,可分為損害賠償總額之預定及懲罰性違約金。

1.損害賠償總額預定之違約金

當事人若約定損害賠償總額預定違約金,則當發生債務不履行時,債權人不須再舉證證明其損害賠償總額多寡,得直接要求債務人按約定之違約金金額給付。當受損害之總額超過約定之數額,債權人不得再主張就不足之部分請求賠償,當受損害之總額低於約定之數額時,原則上債務人仍應就約定之金額給付違約金,不得主張僅就債權人之實際損害給付違約金。

2.懲罰性違約金

所謂懲罰性違約金,係指強制債務之履行為目的,確保債權效果所定之強制罰❺⓿。民法第 250 條第 2 項修正前規定:「違約金,除當事人另有訂定外,視為因不履行而生損害之賠償總額。但約定如債務人不於適當時期或不依適當方法履行債務時,即須支付違約金者,債權人於債務不履行時,除違約金外,並得請求履行或不履行之損害賠償。」修法前,就此條項但書所規定之違約金,究屬損害賠償總額之預定或懲罰性違約金,曾有爭議,依此規定可知,民法肯認當事人得約定除因違約所生之損害賠償總額外,債務人尚須支付懲罰性違約金,但須以契約有明白約定者始生效力❺❶。是

金為諾成契約,因違約金須於債務不履行之時交付,而非訂立違約金契約時支付,參照鄭玉波,前揭《民法債編總論》, p. 339。

❹ 最高法院 42 年臺上字第 497 號判例:「雙方約定違約金之債權,於約定之原因事實發生時,即已獨立存在。定作人於遲延後受領工作時,雖因未保留而推定為同意於遲延之效果,仍不影響於已獨立存在之違約金債權。」

❺⓿ 孫森焱,前揭《民法債編總論下冊》, p. 732。

❺❶ 最高法院 68 年臺上字第 3887 號判例:「違約金係當事人約定契約不履行時,債務人應支付之懲罰金或損害賠償額之預定,以確保債務之履行為目的。至若當事人約定一方解除契約時,應支付他方相當之金額,則以消滅契約為目的,屬於保留解除權之代價,兩者性質迥異。」

以，違約金除當事人特別約定外，原則上均屬損害賠償總額預定之違約金。民法修正後，將該條項修正為「違約金，除當事人另有訂定外，視為因不履行而生損害之賠償總額。其約定如債務人不於適當時期或不依適當方法履行債務時，即須支付違約金者，債權人除得請求履行債務外，違約金視為因不於適當時期或不依適當方法履行債務所生損害之賠償總額。」修正理由指出：「第 2 項但書所規定之違約金究指懲罰性違約金或損害賠償總額預定？……如謂但書規定之違約金係指違約罰之性質，則何以僅對給付遲延及不完全給付之情形加以規定，而未規定給付不能之情形？法理上有欠周延。故此處之違約金應不具違約罰之性質，而係債務不履行中之給付遲延及不完全給付所生損害賠償額之預定。為避免疑義並期明確，爰將『但』字修正為『其』字……。」本文以為，縱未規定第 2 項後段，亦可依第 2 項前段及債務不履行之法理導出結論，第 2 項後段之規定，其宣示作用似乎大於其實質作用，實屬贅文，應予刪除。

(三)違約金之效力

因我國之違約金分為損害賠償總額預定之違約金及懲罰性違約金兩種，是以，以下即分就此兩種違約金之效力說明之：

1. 損害賠償總額預定之違約金

(1)當事人約定因給付不能所生之損害賠償總額預定違約金

A.因可歸責於債務人之事由致給付不能時

因當事人已有損害賠償總額之約定，是以，債權人僅得依約定之數額為請求，不得再依民法第 226 條第 1 項之規定請求賠償。如為一部給付不能，除有同法第 226 條第 2 項規定之情形，否則原則上應依第 251 條之規定，債權人僅得依違約金金額比例請求之。

B.債務人給付遲延

在給付遲延之情形下，當事人既未為違約金之約定，自應依民法給付遲延之相關規定處理之。但若有民法第 232 條規定之情形，或在遲延中生有可歸責於債務人之事由致給付不能之情形者，則有請求違約金之空間。

在民法第 232 條之情形下，債權人拒絕其給付而請求因不履行之損害賠償時，得請求支付違約金，但不得主張遲延損害。在遲延中生有可歸責於債務人之事由致給付不能之情形下，債權人除得主張違約金外，尚得請求賠償因遲延所生之損害。

　　C.債務人不完全給付

　　依民法第 227 條第 1 項之規定：「因可歸責於債務人之事由，致為不完全給付者，債權人得依關於給付遲延或給付不能之規定行使其權利。」是以，發生不完全給付時，應視其情形可否補正而分別適用給付不能或給付遲延之規定。故，在債務人不完全給付之情形時，債權人是否得主張違約金之給付，應依上述給付不能及給付遲延之情形分別定之。

　　(2)當事人約定因給付遲延或不完全給付所生之損害賠償總額預定之違約金

　　A.債務人給付不能

　　當事人既僅就給付遲延或不完全給付的情形為違約金之約定，在給付不能之情形下，債權人自不得主張給付違約金，應依民法給付不能之相關規定處理。

　　B.債務人給付遲延

　　債務人給付遲延時，當事人既約定有損害賠償總額預定之違約金，則債權人自得主張違約金之給付而代遲延損害賠償之請求。若遲延給付後因可歸責於債務人之事由致給付不能者，債權人自得再依給付不能之相關規定請求不履行之損害賠償。若遲延後之給付對債權人無利益時，依民法第 232 條之規定，債權人得拒絕該給付請求不履行之損害賠償，此時，債權人得否再主張約定之遲延給付損害賠償總額預定之違約金？本書以為，債權人一旦主張民法第 232 條的權利，則當事人間之法律關係應屬回復至債務人給付不能而從未給付遲延的情形，是以，債權人應不得再請求給付約定之遲延給付損害賠償總額預定之違約金❺❷。

---

　❺❷　最高法院 62 年臺上字第 1394 號判例：「違約金，有屬於懲罰之性質者，有屬於損害賠償約定之性質者，本件違約金如為懲罰之性質，於上訴人履行遲延時，

C.債務人不完全給付

因可歸責於債務人之事由致債務人為不完全給付者，如其不完全給付係屬得補正者，債權人除得請求債務人補正外，補正前仍屬債務人給付遲延，當事人如約定有給付遲延之損害賠償總額預定之違約金，債權人自得主張之；如其不完全給付係屬不得補正者，依民法第 227 條第 1 項之規定，債權人得依關於給付遲延或給付不能之規定行使其權利，是以，債權人得依民法第 226 條第 2 項拒絕該不完全之給付，而請求全部不履行之損害賠償，此時，因該不完全給付已轉為給付不能，故債權人不得再主張約定之違約金；若債權人不拒絕該不完全之給付，則依民法第 227 條第 2 項，債權人得請求瑕疵給付及加害給付所生之損害賠償，故債權人得主張所約定之損害賠償總額預定之違約金。

2.懲罰性違約金

現行民法並無就「懲罰性違約金」一詞為規範或定義，惟民法第 250 條第 2 項：「違約金，除當事人另有訂定外，視為因不履行所生損害之賠償總額。」之「當事人另有訂定」可為其依據。以下即就懲罰性違約金之類型及效力分述之：

(1)就給付不能所約定之懲罰性違約金

A.因可歸責於債務人之事由致給付不能

當事人間既已約定有因給付不能而生之懲罰性違約金，是以，當可歸責於債務人之事由致給付不能時，債權人除得依給付不能之相關規定請求損害賠償外，尚得請求債務人給付該約定之懲罰性違約金。如係一部不能，除了有民法第 226 條第 2 項之拒絕該一部給付而得請求全部之違約金之情形外，依民法第 251 條之規定，債權人只得按比例請求違約金。

B.債務人給付遲延時

當事人間既未約定有給付遲延之懲罰性違約金，是以，當債務人給付

被上訴人除請求違約金外，固得依民法第 233 條規定，請求給付遲延利息及賠償其他之損害，如為損害賠償約定之性質，則應視為就因遲延所生之損害，業已依契約預定其賠償，不得更請求遲延利息賠償損害。」

遲延時，債權人僅得依給付遲延之相關規定請求因遲延給付所生之損害賠償。惟在民法第 232 條之情形，遲延後之給付，於債權人無利益者，而債權人拒絕該給付而請求賠償因不履行而生之損害賠償時，因該法律關係已回復為給付不能，是以，債權人得請求所約定之因給付不能所生之懲罰性違約金。若為遲延給付後所生之可歸責於債務人之事由致給付不能者，債權人亦得請求債務人給付所約定之懲罰性違約金。

C.債務人不完全給付時

依該不完全給付可否補正區分之，若屬可補正者，則依上述債務人給付遲延的情況定之；若屬不能補正，則依給付不能的情況定之。

(2)就給付遲延或不完全給付所約定之懲罰性違約金

A.因可歸責於債務人之事由致給付不能時

當事人間約定者既為給付遲延或不完全給付之懲罰性違約金，故若因可歸責於債務人之事由致給付不能時，債權人僅得依給付不能之相關規定請求損害賠償，不能再主張該懲罰性違約金。

B.債務人給付遲延

債務人給付遲延時，債權人除依民法第 231 條之規定請求給付遲延之損害賠償外，如當事人間另有就給付遲延約定有懲罰性違約金時，債權人自得再請求債務人給付該約定之懲罰性違約金。但在同法第 232 條之情形下，如債權人拒絕該遲延之給付而請求不履行之損害賠償時，因該法律關係已回復至給付不能，是以，債權人除依第 232 條請求不履行之損害賠償外，不得再主張約定之懲罰性違約金。

C.債務人不完全給付

不完全給付之事由發生時，債權人除依不完全給付相關法律規定請求損害賠償外，尚得請求債務人支付約定之懲罰性違約金。

(四)違約金之酌減

民法中關於違約金的酌減，有下列兩種：

1.違約金一部履行之酌減

依民法第 251 條之規定：「債務已為一部履行者，法院得比照債權人因一部履行所受之利益，減少違約金。」不管當事人間所約定者為損害賠償總額預定之違約金或懲罰性違約金，均有本條之適用。所謂一部履行，係指可分給付之一部履行及不完全給付，此時法院得依本條之規定酌減違約金。

2.違約金額過高之酌減

依民法第 252 條之規定：「約定之違約金額過高者，法院得減至相當之數額。」違約金之約定亦屬契約自由之範圍，但違約金若過高，恐有因地位不平等而造成不公平之情形，是以，約定之違約金過高時，法院得酌減至相當數額。且此違約金之酌減，法院得以職權為之，亦得由債務人訴請法院酌減 ❸。違約金之約定是否過高，應依違約金係屬於懲罰之性質或屬於損害賠償約定之性質而有不同。若屬前者，應依一般客觀事實、社會經濟狀況及當事人所受損害情形，以為酌定標準；若為後者，則應依當事人實際上所受損失為標準，酌予核減 ❺。

至於已經支付之違約金可否請求法院酌減之？學者間有肯否兩種意見，採肯定說者以為 ❺，比照民法第 74 條第 1 項之規定，應認為債務人於支付違約金後，仍得請求法院核減違約金額，就其餘已超過之部分違約金，因原給付之法律上原因已不存在，應依不當得利訴請返還；採否定說者以為 ❺，債務人支付違約金後，法院之酌減權已消滅，除依民法第 74 條撤銷外，已支付之違約金法院不得酌減之。最高法院 79 年臺上字第 1915 號判例指出：「約定之違約金過高者，除出於債務人之自由意思，已任意給付，可認債務人自願依約履行，不容其請求返還外，法院仍得依前開規定，核

---

❸ 最高法院 79 年臺上字第 1612 號判例：「約定之違約金如有過高情事，法院即得依此規定核減至相當數額，並無應待至債權人請求給付後始得核減之限制。此項核減，法院得以職權為之，亦得由債務人訴請法院核減。」

❺ 參照最高法院 79 年臺上字第 1915 號判例、最高法院 87 年臺上字第 2563 號判決、最高法院 94 年臺上字第 174 號判決。

❺ 胡長清，前揭《中國民法債篇總論》，p. 369。

❺ 史尚寬，前揭《債法總論（中）》，p. 502。

減至相當之數額。」似採否定說。然就保護債務人之意旨觀之，應以肯定說較為可採。

㈤契約解除與違約金之關係

當事人解除契約後，因債之關係溯及失效，該違約金之效力如何？當事人是否仍得就該違約金之約定請求給付？如認為違約金契約係獨立於主要契約外之另一契約，則縱主要契約已因解除權之行使而溯及失效，違約金之約定仍然存續，不受該契約解除之影響，是以，當事人仍得依違約金之約定請求給付違約金，於實務上似將違約金視為一獨立之契約而認為，「違約罰性質之違約金，於有違約情事時其請求權即已發生，不因其後契約之解除而謂並無違約情事，自無因契約解除而隨同消滅之理。……」❺⑦。而學說則認為❺⑧違約金係從契約，則當主契約因解除權之行使而溯及失效時，則原違約金之約定是否仍有效？應視該違約金之約定為懲罰性違約金或損害賠償預定之違約金而定，若為懲罰性違約金，因主契約已因解除權之行使而失其效力，則從契約亦應同其命運而失效；若該違約金為損害賠償總額之預定，因民法第 260 條規定：「解除權之行使，不影響損害賠償之請求。」是以，該違約金既為損害賠償金額總額之預定，而就已發生之損害賠償請求權，當事人之損害賠償請求權並不受契約解除之影響，故，當契約解除時，當事人仍得據民法第 260 條之規定及原違約金之約定，請求他方當事人給付約定之違約金金額❺⑨。

---

❺⑦ 最高法院 61 年臺上字第 2922 號判例。

❺⑧ 孫森焱，前揭《民法債編總論下冊》，pp. 744～745。

❺⑨ 最高法院 94 年臺上字第 913 號判決：「惟按民法第 260 條規定解除權之行使，不妨礙損害賠償之請求，據此規定，債權人解除契約時，得併行請求損害賠償，惟其請求損害賠償，並非另因契約解除所生之新賠償請求權，乃使因債務不履行（給付不能或給付遲延）所生之舊賠償請求不因解除失其存在，仍得請求而已，故因契約消滅所生之損害，並不包括在內，而其賠償範圍，仍應依一般損害賠償之法則，即民法第 216 條定之。損害賠償預定性質違約金仍係因債務不履行所生之舊賠償請求權，並非因契約消滅所新生之損害，故因契約解除所生

第五節　雙務契約之特殊效力

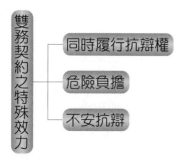

同時履行抗辯與危險負擔同為雙務契約特有之效力，單務契約並無同時履行抗辯及危險負擔之問題。此外於雙務契約中，如一方有先為給付之義務時，於他方請求給付時，即不得主張同時履行抗辯，但於特定情況之下，得拒絕自己之給付即所謂不安抗辯。

一、同時履行抗辯權

㈠同時履行抗辯之意義

在雙務契約中，雙方互負對待給付之義務，一方如不履行，他方當然有拒絕履行之權利，此乃基於雙方當事人公平之原則而來；此即雙務契約之同時履行抗辯權（民法第 264 條）。

㈡同時履行抗辯之要件

同時履行抗辯權之行使要件如下：

1.須雙方互負對價債務

之損害，於約定之違約金是否過高，及如何酌減之判斷，不應在斟酌之列，原審持相反之見解，即有可議。」

同時履行抗辯只存在於雙務契約，故，如雙方互負債務非基於雙務契約，或雖基於雙務契約但其間並無對價關係者，原則上均無同時履行抗辯之適用。以買賣汽車為例，依民法第348條之規定，賣方有交付標的物的義務，買方有給付價金的義務；買賣不動產時，賣方有移轉不動產所有權的義務，買方有給付價金的義務。有疑問者，倘雙方之債務，非本於同一之雙務契約而發生，但雙方之債務在事實上有密切之關係，有履行上之牽連者，是否有同時履行抗辯之適用？例如租賃契約終止後，承租人有租賃物返還之義務，出租人則有預收租金返還義務（第454條），但如於租賃契約有押租金之給付者，承租人可否以出租人不返還押租金，主張同時履行抗辯，而拒絕返還租賃物？依最高法院59年臺上字第850號判例：「所謂同時履行之抗辯，乃係基於雙務契約而發生，倘雙方之債務，非本於同一之雙務契約而發生，縱令雙方債務在事實上有密切之關係，或雙方之債務雖因同一之雙務契約而發生，然其一方之給付，與他方之給付，並非立於互為對待給付之關係者，均不能發生同時履行之抗辯。」顯採否定說，學者有同實務之見解者❻。日本判例也採取同樣見解❺。惟亦有學者認為，同時履行抗辯之適用範圍不宜限於雙務契約之對價關係，如當事人互負債務，具有履行上之牽連者，亦應類推適用同時履行抗辯權❻。

2.須被請求之一方無先給付義務

依民法第264條第1項但書之規定，如依法律規定、雙方當事人之特約或交易習慣，而有先給付之義務者，則無同時履行抗辯權。依法律有先為給付之義務者，如民法第439、486、505、524、548、601條等；依當事人特約之約定者，以買賣契約為例，原則上雙方應以一手交錢，一手交貨為原則，但如約定，買受人收到貨物才付款時，則出賣人有先給付之義務，因此出賣人無同時履行抗辯之權利（但有不安抗辯權，詳下述）。除此之外

---

❻ 邱聰智，《新訂民法債編通則（下）》，輔仁大學法學叢書，2001年2月新訂一版，pp. 590～591。

❺ 最高法院判決昭和49年9月2日民集28卷6號，p. 1152。

❻ 林誠二，前揭《民法債編總論下冊》，p. 257。

還有依交易習慣者，如先買票後進電影院 ❻。

3. 須他方未為對待給付義務或提出給付

若他方已履行其對待給付義務，當事人即不得再主張他方尚未履行而拒絕自身之給付義務。惟他方須已依債之本旨為履行其對待給付義務，始可阻止他方行使其同時履行抗辯。

4. 受領遲延者可否主張同時履行抗辯

當事人一方受領遲延，於他方當事人請求給付時，受領遲延之一方是否可主張同時履行抗辯？實務及學說認為，當事人一方受領遲延，他方當事人雖可免除債務不履行之責任，但仍負有給付義務，為交易之簡便及迅速處理，故受領遲延之一方自仍得主張同時履行抗辯 ❻。

(三)同時履行抗辯之效力

因契約互負債務者，於他方當事人未為對待給付前，得拒絕自己之給付，是為同時履行抗辯。是以，同時履行抗辯主要效力即為得拒絕自己之給付，惟同時履行抗辯僅係暫時拒絕他方行使其請求權，並非一經行使即得免其對待給付義務。

同時履行抗辯於訴訟上及訴訟外均得主張，但若欲使其生訴訟上之效力，則須於訴訟中主張，不得僅因其曾於訴訟外主張即認毋庸再於訴訟上主張。應注意者，同時履行抗辯為一抗辯權，須待權利人主張始生抗辯之效力，債務人享有同時履行抗辯權者，在未行使此抗辯權以前，仍可能發生遲延責任之問題，必須行使以後始能免責 ❻。

---

❻ 學者（孫森焱，前揭《民法債編總論下冊》，p. 821）以理髮完畢後付錢為因交易習慣而一方先為給付之例，本書以為，理髮之法律關係應屬承攬契約，依民法第 490 條第 1 項之規定，即應先為給付，非係基於交易習慣所致。

❻ 孫森焱，前揭《民法債編總論下冊》，p. 824。最高法院 71 年臺上字第 82 號判例、最高法院 75 年臺上字第 534 號判例：「雙務契約之一方當事人受領遲延者，其原有之同時履行抗辯，並未因而歸於消滅。……」

❻ 最高法院 50 年臺上字第 1550 號判例：「債務人享有同時履行抗辯權者，在未

二、危險負擔

危險負擔係指不可歸責於雙方當事人之事由，發生如天災、戰爭、水災、颱風、地震此等危險時，以致造成給付不能之情形。雙務契約中負給付之一方其債務消滅，而負對待給付之他方當事人是否仍負給付義務？例：甲乙訂有 A 屋買賣契約，契約成立後、交付前，A 屋因地震而毀滅，則乙不能給付 A 屋，係因地震此不可歸責於乙之事由而生，故乙非債務不履行，依民法第 225 條之規定，乙免負給付房屋之義務，但甲之價金給付義務是否仍存在？即 A 屋毀損之危險究竟由誰承擔之問題，即危險負擔之問題。於上述之例，如 A 屋毀損，結果他方價金債務人（買受人）之債務消滅的話，則此危險即由出賣人承擔（債務人主義）；如果價金債務人之債務不消滅的話，則此危險由買受人承擔（債權人主義）。我國法原則上採債務人主義，依民法第 225 條第 1 項及第 266 條第 1 項，故物之交付前，出賣人固免為標的物之給付（民法第 225 條第 1 項），而買受人亦免為對待給付（價金給付）。

但應注意，於物之交付後，因不可歸責於雙方當事人之事由致給付不能，危險負擔則例外移轉於價金給付之買受人負擔（債權人主義），即買受人此時仍須給付價金。依民法第 373 條之規定：「買賣標的物之利益及危險，自交付時起，均由買受人承受負擔。」是以，若買賣標的物於交付買受人，因不可歸責於雙方當事人之事由致給付不能時，買受人須承受該物滅失之危險，不得依第 266 條第 1 項主張免其對待給付義務。例如以不動產買賣為例，買受人已經取得不動產之占有，但未辦理所有權移轉登記之情形頗為常見。因為第 373 條「交付」之涵義，實務及學說大多認為包含現實交付及觀念交付，於不動產之交付以取得占有之際即為交付，至於是否辦理所有權移轉登記在所不問❻。故房屋買受人甲已占有該 A 屋，但未移轉所

行使此抗辯權以前，仍可發生遲延責任之問題，必須行使以後始能免責。」則發生此危險時，雙務契約中給付之一方其債務消滅而原對待給付之他方當事人是否仍負給付之義務？

有權之際發生地震等危險時，首先乙無庸再去辦理登記給甲，但依第 373 條，甲不能免於價金給付之義務。但第 373 條為任意規定，可以由當事人以特約免除，非強制規定。

㈠可歸責於一方當事人之事由致給付不能

可區分為下列兩種情形：

1.可歸責於債務人之事由致給付不能：若因可歸責於債務人之事由致給付不能時，債權人依民法第 226 條第 1 項之規定，得請求損害賠償。

2.可歸責於債權人之事由致給付不能：若因可歸責於債權人之事由致債務人給付不能時，此時，依民法第 225 條第 1 項之規定，債務人免給付義務，且依同法第 267 條之規定，債務人尚得向債權人請求對待給付。

㈡可歸責於雙方當事人之事由致給付不能

若因可歸責於雙方當事人之事由致給付不能時，其效力如何，學說上尚未有定論：有認為應依可歸責債務人之事由致給付不能之規定（即民法第 226 條），由債務人負損害賠償之責任，再依同法第 217 條之規定，以被害人（即債權人）就其所受損害之發生或擴大與有過失，定其損害賠償之範圍❻；有認為應依雙方當事人之過失輕重，分別適用不同之規定，如債務人之過失較大，則依民法第 226 條之規定解決，如債權人之過失較大，則適用民法第 225 條及第 267 條之規定；亦有認為，若雙方之過失相當者，則可類推適用民法第 266 條之規定❽。

---

❻　最高法院 33 年上字第 604 號判例、最高法院 47 年臺上字第 1655 號判例，林誠二，前揭《民法債編各論（上）》, p. 165。黃立主編，《民法債編各論（上）》，元照出版公司，2002 年，p. 159。

❼　鄭玉波，前揭《民法債編總論》, pp. 387～388。

❽　林誠二，前揭《民法債編總論下冊》, pp. 266。

三、不安抗辯

㈠不安抗辯權之意義

　　依民法第 265 條規定:「當事人之一方,應向他方先為給付者,如他方之財產,於訂約後顯形減少,有難為對待給付之虞時,如他方未為對待給付或提出擔保前,得拒絕自己之給付。」如甲委由乙替其興建房屋,預估費用 300 萬元,完成後甲一次付清費用,興建期中,甲受破產宣告,則乙可以主張不安抗辯[69]。不安抗辯權係情事變更原則以及誠信原則之下的產物,目的在彌補同時履行抗辯之不足。

㈡不安抗辯權之要件

1.須當事人之一方有先為給付之義務

　　不安抗辯權要件之一為當事人一方須有先為給付之義務,且此有先為給付義務之一方為主張不安抗辯權之一方。若雙方均無先為給付之義務者,則屬同時履行抗辯之範疇[70]。

2.須他方之財產於訂約後有顯形減少之情形

　　倘當事人之一方於訂約時其支付能力已顯不能清償債務,且為他方當事人所明知,而仍為契約之締結時,此為當事人自願承擔風險,不得於事後主張不安抗辯權。若於訂約時當事人不知他方已顯無清償能力而仍為契約之締結,孫森焱教授認為應依民法第 88 條第 2 項之規定撤銷之,尚無主張不安抗辯權之可能[71],本書亦從之。惟應注意,須他方之財產於訂約後

---

[69]　依第 490 條承攬契約,採報酬後付原則,故乙有先為給付完成房屋之興建之義務。

[70]　最高法院 57 年臺上字第 3049 號判例:「民法第 265 條之規定,乃予先為給付之義務人以不安之抗辯權,此項抗辯權,與同法第 264 條之同時履行抗辯權異其性質。既有前者,不能仍認後者之存在。」

[71]　孫森焱,前揭《民法債編總論下冊》,p. 825。

有顯形減少之情形非當事人所能預料，始有不安抗辯權之適用，蓋不安抗辯權乃源於情事變更原則，是以，若當事人在締約時已能預料他方當事人之財產將顯形減少者，即無不安抗辯權之適用。

3.須他方之財產顯形減少有難為對待給付之虞

所謂他方之財產顯形減少而有難為給付之虞，係指客觀上其已難以為對待給付之謂也，並不須當事人已受破產之宣告或已受強制執行而無效果為必要，且其財產減少之原因為何，是否可歸責於債務人，均非所問。但應注意，若債務人之債務履行與其資力無涉，如勞務給付之債，則無本條之適用，但若其勞務之給付與其資力有密切關係時，則仍有不安抗辯權之適用。

4.須他方未為對待給付或提出擔保

不論同時履行抗辯權或不安抗辯權均在保障對待給付之履行，是以，若當事人已為對待給付或已就其對待給付提供擔保，不安抗辯權即告消滅。該擔保包括物之擔保（如質權、抵押權）及人之擔保（如保證契約）。

第六節　涉他契約

債之效力原則上僅存在於契約當事人之間，任何人不得為他人訂立契約，此乃契約相對性原則。惟基於經濟發展後的需求，近代學說及立法例多已承認涉他契約，惟其內容亦不盡相同 ❼❷。所謂涉他契約係指，雙方當

---

❼❷　德國民法第 328 條以下，日本民法第 537 條以下，僅規定應向第三人給付的類型。法國民法第 112 條以下，瑞士債務法第 111 條以下，則兼及向第三人為給

事人約定由第三人為給付或向第三人為給付者，是為涉他契約。涉他契約
之類型有二：一為契約給付義務由第三人負擔，是為第三人負擔契約（此
第三人與債務人處於相同之地位）；一為債務人應向第三人給付，是為第三
人利益契約（又稱利他契約，此第三人處於與債權人相同之地位）。涉他契
約本身並非如買賣、贈與為一種獨立的契約種類，只是就給付行為本身另
有約定，是以，涉他契約可能存在於任何種類的契約中。以下即就涉他契
約之意義及效力分述如下：

一、第三人負擔契約

(一)意 義

　　約定由契約當事人以外之第三人為給付之契約，即為第三人負擔契約。
第三人並不因而成為該契約之當事人，是以，當事人並無基於該契約請求
第三人給付之權利。如甲（債務人）與乙（債權人）雙方約定，由第三人
丙向乙為給付，則該契約即屬第三人負擔契約。依民法第 268 條：「契約當
事人之一方，約定由第三人對於他方為給付者，於第三人不為給付時，應
負擔損害賠償責任。」即為第三人負擔契約之明文規範。故於丙不向乙為給
付時，乙可依民法第 268 條，向甲請求債務不履行之損害賠償。

(二)效 力

　　第三人負擔契約之當事人仍為訂立契約之雙方當事人，該第三人並非
契約當事人，是以，債權人仍不得據此第三人負擔契約向第三人逕行請求
給付。至於第三人為何願意向債權人為給付，通常係基於其與債務人間之
另一契約法律關係所致，與第三人負擔契約無涉。依民法第 268 條規定，
第三人負擔契約約定由第三人給付，債務人本身不負給付之責。但債務人
仍為契約之當事人，應擔保第三人對於債權人為給付，如第三人不為給
付，債務人即負損害賠償責任，由其賠償債權人所受損害❼⑬

付及由第三人給付兩種類型。

承上，因民法第 268 條所定之第三人負擔契約，債務人之責任為損害賠償責任，不論第三人不為給付是否可歸責於債務人，債務人均應就第三人之不為給付負損害賠償責任。惟本規定並非強制規定，當事人間如約定，債務人所負者僅係盡力促使第三人給付，而非擔保其必為給付之擔保責任，如債務人已盡善良管理人之注意義務促使第三人為給付，則債務人已屬依債之本旨為給付，則當然不負債務不履行之責。若債務人無法使第三人依第三人負擔契約為給付時，債務人所負之責任為損害賠償責任，非該債務人即須代為給付。債權人無請求債務人代第三人為履行之權利。惟，若該債務非專屬性之債務，債務人願代為履行時，依民法第 311 條第 2 項之規定，債權人不得拒絕❼❹。

　　第三人之給付如有給付遲延或不完全給付之情事者，債權人僅得向債務人請求損害賠償，不得向第三人主張任何權利，亦無權要求債務人為補正或請求其代為履行。

二、第三人利益契約

(一)意　義

　　契約當事人約定，債務人須向第三人為給付，第三人因而取得直接向債務人請求給付的權利，此即第三人利益契約，又稱利他契約或第三人契約。例如汽車買賣契約當事人約定，出賣人直接將汽車交付予買受人之子。第三人利益契約中之第三人，其資格並無限制，自然人、法人或胎兒均可。民法第 269 條第 1 項：「以契約訂定向第三人為給付者，要約人得請求債務人向第三人為給付，其第三人對於債務人，亦有直接請求給付之權。」即為第三人利益契約之規定。

---

❼❸　學者稱債務人對第三人之給付負擔保責任，孫森焱，前揭《民法債編總論下冊》，p. 604。

❼❹　黃立，前揭《民法債編總論》，p. 547。

㈡效　力

1.對於第三人之效力

　　第三人依民法第 269 條第 1 項之規定，對債務人有直接請求權，此為第三人直接依第三人利益契約取得之權利**⑦**，而第三人所取得之權利亦僅止於該請求權，不包括其他基於契約所生之權利，如撤銷權、解除權等，蓋第三人雖有請求債務人給付之權利，仍非契約之當事人。

　　第三人對債務人有直接請求權，倘若債務人不履行債務時，第三人亦得請求損害賠償。第三人並得就其債權為讓與、抵銷、更改或免除。至於債權人為何訂立第三人利益契約，使自己以外之第三人取得請求權，通常係因在第三人與債權人之間存有另一債之關係之故，此另一債之關係稱為對價關係，而債務人與債權人間則因存有補償關係，而使得債務人須對第三人為給付。

　　民法第 269 條第 2 項規定：「第三人對於前項契約，未表示享受其利益之意思前，當事人得變更其契約或撤銷之。」換言之，若第三人已表示享受其利益之意思，其權利即告確定，當事人不得再變更該契約或撤銷之。所謂表示受益之意思，為一意思表示，應依民法關於意思表示之規定為之。又，因該意思表示為純獲法律上利益，是以限制行為能力人依同法第 77 條但書之規定，無須其法定代理人之允許。

　　依民法第 269 條第 3 項之規定：「第三人對於當事人之一方表示不欲享受其契約之利益者，視為自始未取得其權利。」第三人之債權於該第三人利益契約成立時即發生，僅於該第三人表示不欲享受其契約之利益時，視為溯及契約成立時即未取得權利。

---

⑦ 最高法院 66 年臺上字第 1204 號判例：「利他契約之給付，係約定向第三人為之，第三人有向債務人直接請求給付之權利，固有不履行給付之損害賠償請求權，惟債權人亦有請求債務人向第三人為給付之權利，苟債權人因債務人不履行向第三人為給付之義務，致其受有損害時（如債權人與第三人約定，債務人不履行給付時，應對第三人支付違約金是），自亦得請求債務人賠償。」

2.對於債權人（要約人）之效力

債權人依民法第 269 條第 1 項之規定，得請求債務人向第三人為給付。由於第三人取得第三人利益契約所生之債權，故，債務人僅得向第三人為給付，債權人並不得請求債務人向自己為給付。

依民法第 269 條第 3 項之規定，第三人對當事人之一方表示不欲享受其契約之利益者，視為自始未取得其權利，此時，該第三人利益約款即屬標的自始給付不能而無效，惟此時該基本行為的補償關係是否亦隨同無效？應分別情形判斷：若該第三人利益約款為該基本行為之補償關係不可或缺之部分，則依民法第 111 條本文之規定，應認為全部無效。倘依契約旨趣，債權人非不得另行指定第三人享受該利益，或依該補償關係，債權人非不得向債務人請求向自己給付者，則依同條但書之規定，就該補償關係之契約，仍為有效。

債務人未依債之本旨向第三人給付，第三人得向債務人請求賠償其未向自己給付所生之損害。而就債權人而言，債務人未向第三人給付，債權人得向債務人請求賠償其未向第三人給付因此對債權人所生之損害[76]。

若第三人對債務人之給付受領遲延，債權人亦應認為同陷於受領遲延。

(三)對於債務人之效力

依民法第 270 條之規定，第三人利益契約之債務人，得以由契約所生之一切抗辯，對抗受益之第三人。凡由契約所生足以妨礙第三人行使權利之一切事實，包括實體法上之抗辯事由及否認第三人權利之抗辯事由，均

---

[76] 最高法院 83 年臺上字第 836 號判例：「第三人利益契約係約定債務人對第三人為給付之契約，第三人有向債務人直接請求給付之權利，於債務人不履行債務時，對於債務人有債務不履行之損害賠償請求權。而債權人亦有請求債務人向第三人為給付之權利，於債務人不履行向第三人為給付之義務時，對於債務人自亦有債務不履行之損害賠償請求權。惟此二者，具有不同之內容，即第三人係請求賠償未向自己給付所生之損害；而債權人則祇得請求賠償未向第三人為給付致其所受之損害。」

得用以對抗第三人，前者如同時履行抗辯權、期限未屆至、條件未成就等，後者如契約無效、已撤銷或已解除等之抗辯事由等。縱依民法第 87 條第 1 項或第 92 條第 2 項之規定，無效或撤銷不得以之對抗善意第三人，債務人仍得以之對抗第三人利益契約之第三人（即受益人）。

債務人得以之對抗第三人之抗辯事由，僅以由契約所生之抗辯為限，若該抗辯事由係由於契約以外之原因所生者，如，主張與債權人另負有債務抵銷，或債權人免除債務人之債務等，則不得以之對抗第三人。

(四)不真正第三人利益契約

第三人利益契約之特點，即在使第三人取得對債務人直接請求給付之權利，倘債務人與債權人約定，債務人應向第三人為給付，惟第三人並不得直接向債務人請求給付，則此等契約即屬不真正第三人利益契約。例如：甲向乙訂製一套空調設備，但目的非在於自己使用，而係為轉賣給丙。因此甲與乙約定，於清償期屆至時，由乙直接交付給丙，此外甲與丙間之契約亦約定由契約外之丙為給付。甲乙間之契約即為「向第三人給付之契約」；而甲丙間之契約為「第三人負擔之契約」。故當乙不依約履行時，只有甲可向乙主張債務不履行，丙對乙無法主張任何權利，丙只能依其與甲間之契約關係主張權利。

不真正第三人利益契約並不適用民法關於第三人利益契約之相關規定，即第三人並不得向債務人主張權利，屬於一種縮短給付之類型。

例：甲向乙購買一幅名畫，作為其妹丙之喬遷之禮，為了配合丙搬家時間，故甲與乙約定由丙直接與乙聯絡，丙對乙亦有直接請求權。

甲乙間成立一買賣契約，並附有使第三人丙得直接向乙請求之條款，故甲乙間之契約為一種第三人利益契約。反之如丙並未取得直接對乙之請求權，則甲乙間約定向丙為給付之契約為「不真正第三人利益契約」。

第七節 案例演練

案例一

締約過失之例

A.甲與友人相約到欣欣百貨公司見面,當甲欲進入百貨公司之大門時,由於百貨公司清潔工剛清掃完畢地面未乾,導致甲滑倒骨折,問甲依何法律依據向百貨公司主張賠償?

B.甲看中乙建設公司所蓋之 A 屋,唯獨對 A 屋旁邊為一片荒廢之雜草堆感到不解,經詢問販賣之人員,該人員宣稱該地已成為公園預定地,一旦公園興建之後 A 屋之環境會更加優美,故甲決定購買 A 屋;搬入之後一年,旁邊之土地不但沒有興建公園,反而成為加油站。問甲該如何主張其權益?

解 析

A.甲與友人相約至欣欣百貨見面,因該百貨公司地板未乾而滑倒並導致骨折,甲之請求權基礎可能為民法第 245 條之 1 或者民法第 184 條第 1 項。如依民法第 245 條之 1 締約上過失之規定,須當事人為準備或商議訂定契約並符合該條規定之可歸責事由,始有適用之餘地。甲與友人相約而進入百貨公司,因地板未乾跌倒,似難解為甲與百貨公司進入「為準備或商訂契約」之階段,而無締約上過失之適用。但甲仍得依第 184 條第 1 項之規定,向清潔工請求賠償,並依民法第 188 條規定請求百貨公司負連帶賠償之責。

B.按民法第 245 條之 1 第 1 項第 1 款之規定：「契約未成立時，當事人為準備或商議訂立契約而有左列情形之一者，對非因過失而信契約能成立致受損害之他方當事人，負賠償責任：一、就訂約有重要關係之事項，對他方之詢問，惡意隱匿或為不實之說明者。」此乃告知或說明義務之違反，而有締約上過失責任之適用。甲看中乙建設公司所蓋之 A 屋，對 A 屋旁邊為一片荒廢之雜草堆感到不解，經詢問販賣之人員，該人員宣稱該地已成為公園預定地，一旦公園興建之後 A 屋之環境會更加優美，因此甲決定購買 A 屋主要原因在於 A 屋旁邊將來會有公園，故此為甲訂約之重要事項。惟搬入一年後，不但該地未蓋公園，反而成為加油站。因販賣人員之不實說明，使甲決定締結買賣契約，然而甲是否得依民法第 245 條之 1 第 1 項第 1 款向乙建設公司請求損害賠償？有疑問者在於本條文之適用，於所謂「契約未成立時」，其涵義為何，學說迭有爭議。通說認為民法第 245 條之 1 關於締約上過失責任，限於契約磋商後之結果係「契約未成立時」，當事人始應負責，契約已有效成立者，則不生契約上過失責任；但另有學者認為，本條文乃是為保障雙方當事人於準備磋商契約階段之權利，避免雙方因契約未成立而不能以契約作為求償基礎，因依侵權行為法對當事人之保障稍嫌不足，故本條之重點應在於加害人可歸責之事由乃係發生在「契約未成立時」，至於契約之後是否成立在所不問，如此始能提供雙方當事人完整之保障，防止惡性重大之加害人藉由契約之成立而規避締約過失責任。但本書採通說見解，本題因契約已經有效成立，故不得主張締約過失責任，惟甲得依買賣契約物之瑕疵擔保之規定（民法第 354 條）主張乙建設公司負責（第 359 條解約、減少價金，第 360 條損害賠償）。

案例二

契約標的之不能

甲以 3,000 萬向乙購買 A 屋，於下列情況甲該如何主張權利？

A.於甲乙間買賣契約成立前，A 屋已經因失火焚毀。

B.於甲乙間買賣契約成立後，A 屋所有權移轉前，A 屋因乙之過失毀損滅失。

C.於甲乙間買賣契約成立後，A 屋所有權移轉前，因丙出高價購買 A 屋，故乙又與丙訂立買賣契約，並辦妥所有權移轉登記給丙。

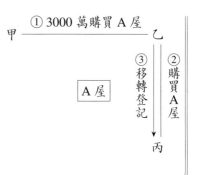

 解　析

A.買賣契約成立前，A 屋即已燒毀，乃為自始客觀不能之情況，依民法第 246 條第 1 項前段之規定：「以不能之給付為契約標的者，其契約無效。」是以甲乙締結之買賣契約無效。又依民法第 113 條之規定：「無效法律行為之當事人，於行為當時知其無效，或可得而知者，應負回復原狀或損害賠償之責。」若乙於行為當時，明知或可得而知 A 屋燒毀，則甲可向乙請求信賴利益之損害賠償。

B.甲乙買賣契約成立後，於 A 屋所有權移轉前，因乙之過失致 A 屋燒毀，此乃嗣後不能之情況，按民法第 226 條第 1 項之規定，因可歸責於債務人之事由，致給付不能者，債權人得請求賠償損害，是以甲得向有過失之乙請求損害賠償。

C.此為一物二賣（雙重買賣）之例，甲與乙間先成立買賣契約後，乙又與丙訂立另一買賣契約，此二個買賣契約均有效成立。如乙依民法第 758 條、第 760 條之規定，先移轉登記與丙，則丙取得 A 屋所有權。至於甲乙間之買賣契約部分，因可歸責於乙之事由致給付不能(丙已經取得所有權)，故乙違反買賣契約第 348 條第 1 項規定，是以甲得依民法第 226 條第 1 項之規定向乙請求損害賠償。

契約之確保

甲看中乙所出租之 A 屋，並預付 3,000 元之訂金：

A.如事後又發現同樣條件之 B 屋，租金反而較 A 屋便宜，則甲該如何？

B.甲乙於租賃契約條款中約定「甲必須租滿一年，否則甲需付相當於二個月之違約金」，結果甲因被調派到大陸，故只租了十個月，問乙可否以該違約金條款要求甲給付違約金？

解　析

　　A.定金之交付，往往用以確保契約之成立與履行。訂金契約為一種從契約、要物契約，在於擔保主契約之履行。交付定金後，除當事人另有約定否則依民法第 249 條第 2 款之規定，契約因可歸責於付定金當事人之事由，致不能履行者，定金不得請求返還，是以本題若付定金之甲不想租 A 屋，則不得向乙請求返還其先前所付之定金。

　　B.按民法第 250 條第 1 項規定，當事人得約定債務人於債務不履行時，應支付違約金。又依同條第 2 項前段規定，除當事人有訂定外，違約金視為因不履行之損害賠償總額。是以甲乙之違約金約定為債務不履行之損害賠償總額之預定，則當發生債務不履行時，債權人不須再證明其損害賠償總額多寡，得直接要求債務人按約定之違約金金額給付。當受損害之總額超過約定之數額，債權人不得再主張就不足之部分請求賠償，當受損害之總額低於約定之數額時，原則上債務人仍應就約定之金額給付違約金，不得主張僅就債權人之實際損害給付違約金。此外，依民法第 251 條之規定，債務已為一部履行者，法院得比照債權人因一部履行所受之利益，減少違

約金。甲因被派調大陸，故只住了十個月，依約應賠償二個月之違約金與乙，若甲認為違約金金額過高，得起訴向法院請求比照乙因一部履行所得之利益，減少違約金。

案例四

同時履行抗辯

甲向乙承租 A 屋，約定月租金 5,000 元，每月 1 日付款，押租金 8,000 元，於租約期間 A 屋發生嚴重漏水導致甲幾乎無法居住，甲屢催告乙修繕，乙卻置之不理，甲得否以乙不修繕為由拒絕自己當月之租金之給付？又如甲依第 430 條之規定終止租約時，甲可否以乙押租金尚未返還為由，拒絕返還 A 屋？

解　析

A.按民法第 264 條第 1 項前段之規定，因契約互負債務者，於他方當事人未為對待給付前，得拒絕自己之給付。甲乙間之租賃契約為一雙務契約，出租人乙應以合於所約定使用、收益之租賃物租與承租人甲，承租人甲則有支付租金之義務（民法第 421 條）。是以，出租人乙基於租賃契約負有保持租賃物於得使用之狀態（民法第 423 條），依民法第 429 條第 1 項之規定，乙負有修繕義務，此為乙之契約之主給付義務，與甲之租金給付義務互為對待給付。今 A 屋嚴重漏水至幾乎無法居住，甲催告乙修繕，乙均置之不理，因此甲於乙盡修繕義務之前，得依上開民法第 264 條第 1 項之規定拒絕租金之給付。

B.租賃契約與押租契約之關係乃主契約與從契約之關係，係兩個不同之契約，但有主從關係。實務上認為：「所謂同時履行之抗辯，乃係基於雙務契約而發生，倘雙方之債務，非本於同一之雙務契約而發生，縱令雙方

債務在事實上有密切之關係，或雙方之債務雖因同一之雙務契約而發生，然其一方之給付，與他方之給付，並非立於互為對待給付之關係者，均不能發生同時履行之抗辯。」採否定說，故甲不能以乙之押租金尚未返還為由，行使同時履行抗辯權拒絕其租賃物之返還。惟有學者認為，同時履行抗辯之適用範圍不宜限於雙務契約之對價關係，如當事人互負債務，具有履行上之牽連者，亦應類推適用同時履行抗辯權，押租金之返還及租賃物返還具有牽連關係，因此甲於乙拒絕返還押租金時，得類推適用民法關於同時履行抗辯權之規定，拒絕返還 A 屋。

案例五

危險負擔

下列情形應由何人承受該危險負擔？

A.甲向乙訂購一千隻雞，約定下星期一交付，甲並應同時付款；不料翌日發生大水災，甲所訂購的雞隻全遭大水滅頂，問甲是否仍須給付價金？

B.甲向乙購買 A 屋，乙先交付 A 屋之鑰匙給甲，方便甲裝潢 A 屋，甲並付了頭期款 100 萬，並約定一星期後雙方協同辦理 A 屋所有權之移轉登記，甲同時應給付餘款 200 萬；不料於登記之前，發生大地震 A 屋全倒，問甲是否仍有給付餘款之義務？

C.甲向乙承租 A 屋，並約定下星期一搬入 A 屋，甲並付定金 1,000元，於搬家前夕發生大地震，A 屋全毀，問甲仍否要給付租金？

 解 析

A.甲向乙訂購一千隻雞，於乙交付甲前即發生大水災，甲訂購之雞隻遭大水滅頂，依民法第 225 條第 1 項之規定，因不可歸責於債務人之事由，

致給付不能者,故本題中債務人乙免負給付一千隻雞的義務。又依第 266 條第 1 項規定,因不可歸責於雙方當事人之事由,致一方之給付全部不能者,他方免為對待給付,據此,甲亦無須給付價金。

　　B.按民法第 373 條之規定,買賣標的物之利益及危險,自交付時起,均由買受人承受負擔。本條係以交付作為危險負擔之時點,而非以所有權之移轉作為時點。本題乙已交付 A 屋之鑰匙給甲,方便甲裝潢 A 屋,雖未移轉所有權,故依第 373 條,地震之危險應由買受人甲承受,而乙依民法第 225 條第 1 項之規定,因不可歸責於債務人之事由,致給付不能者,債務人免給付義務,故乙無庸再去辦理登記給甲,但依第 373 條,甲仍不能免於價金給付之義務。

　　C.甲向乙承租 A 屋,並約定下星期一搬入 A 屋,甲並付定金 1,000 元,甲乙間之租賃契約成立。因地震而導致 A 屋全毀,乃屬不可歸責雙方之事由,根據民法第 225 條第 1 項及第 266 條第 1 項之規定,乙固免於提供 A 屋給甲居住,甲亦免支付租金。但甲所支付之定金可否請求返還?依民法第 249 條第 4 款規定,契約因不可歸責於雙方當事人之事由,致不能履行時,定金應返還之。依此甲可向乙請求返還定金。

案例六

不安抗辯

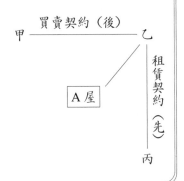

　　甲雖明知 A 屋於買賣契約成立前已經租給丙,租期尚有半年,仍願向乙以 300 萬購買 A 屋,甲先付 100 萬頭期款,於辦妥所有權移轉登記之後,乙向甲要求餘款之支付時,甲得否主張因 A 屋仍由丙居住而拒絕支付剩餘之價金?

解 析

　　買受人基於雙務契約，於出賣人未移轉財產權或其權利有瑕疵時，有同時履行抗辯或不安抗辯（民法第 264 條、第 265 條）。但恐第三人對買賣標的物主張其權利時，於買賣契約中依民法第 368 條規定：「買受人有正當理由，恐第三人主張權利，致失其因買賣契約所得權利之全部或一部者，得拒絕支付價金之全部或一部。但出賣人已提出相當擔保者，不在此限。」此價金支付拒絕權為一種延期之抗辯，不以出賣物已經交付為限，理論上可能與同時履行抗辯或不安抗辯競合。但學者認為（邱聰智，《新訂債法各論》，元照出版公司，p. 162），出賣人如未給付，買受人可主張同時履行抗辯或不安抗辯較佳，但如出賣人已經給付，則買受人主張民法第 368 條較有利。但民法第 368 條其成立，須有正當理由恐買受人之財產權喪失為限。本題因已辦妥所有權移轉登記，甲已取得房屋所有權，是以甲得否可因第三人丙對其主張民法第 425 條第 1 項規定（買賣不破租賃）為由，而對乙主張民法第 368 條價金支付拒絕權？因甲於訂約前明知 A 屋已經租給丙，租期尚有半年，仍願向乙以 300 萬購買 A 屋，此乃甲自願承擔風險，因此甲無正當理由，不得主張價金支付拒絕權，仍應支付價金。

第4章

契約之解除與契約之終止

第一節　契約之解除

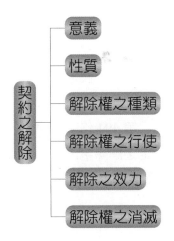

契約之解除 ──

- 意義
- 性質
- 解除權之種類
- 解除權之行使
- 解除之效力
- 解除權之消滅

一、意　義

　　契約之解除，係指當事人一方因行使解除權而使契約溯及失其效力，而回復至未締約之狀態。契約因雙方當事人合意而成立，自不許任一方恣意使該契約溯及失效，須有解除權之一方行使解除權，方使得契約因解除而歸於消滅。

二、性　質

　　契約之解除為一單獨行為，係由當事人一方的意思表示而成立之行為❶，契約於有解除權之一方為解除之意思表示時，即發生解除之效力。又有解除權之一方向他方為行使解除權之意思表示時，不待他方為同意之意思表示，即可發生解除之法律效果，是以解除權乃是形成權之一種，且

---

❶　王澤鑑，前揭《民法總則》，p. 280。

此種形成權僅須向他方表示即可，不需經過法院之形成判決為之。

三、解除權之種類

解除權之發生，因其係基於法律規定或當事人間之特約約定，而可分為法定解除權及約定解除權兩種：

㈠法定解除權

法定解除權是指因法律規定而生之解除權，有基於債之共同原因者，為一般解除權，規定於民法第 254 至 256 條，有基於個別債之特別規定，為特別解除權，例如民法第 359 條、第 363 條、第 494 條、第 495 條、第 502 條、第 503 條、第 506 條、第 507 條等所定之解除事由。此處所要探討之法定解除權為一般解除權之規定，至於特別解除權則請參照債各條文之規定。

法定解除權之發生原因可分為給付遲延、給付不能、不完全給付、預示拒絕給付、情事變更以及違反誠實信用原則等，說明如下：

1. 給付遲延

所謂給付遲延，乃債務已屆清償期，給付可能卻仍未給付。因給付遲延之情形而行使解除權，依契約之內容給付為未定期限及定期限之情形，說明如下：

⑴給付未定期限

按民法第 254 條之規定：「契約當事人一方遲延給付者，他方當事人得定相當期限催告其履行，如於期限內不履行時，得解除其契約。」據此，以給付遲延行使解除權其要件如下：

A.須契約當事人一方給付遲延

給付定有確定期限時，債務人自期限屆滿時起，負遲延責任（民法第 229 條第 1 項）。而在給付未定有期限之情況，債務人於債權人得為請求給付時，經催告而未為給付，自受催告時起，負遲延責任（第 229 條第 2 項）。債權人之催告定有期限時，債務人自期限屆滿時負遲延責任（第 229 條第

3 項）。是以，給付定有期限，於期限屆滿時，債務人即負遲延責任，惟未定期限之情況下，尚須經過債權人之催告後，債務人始為給付遲延。

　　B.須經催告

　　債務人僅是給付遲延，尚不足以使解除權發生，必須經過他方當事人定相當期間催告。所謂催告，乃是債權人對於債務人請求給付之意思通知。民法第 254 條規定之催告與第 229 條第 2 項催告之意義相同，但第 254 條之催告必須定相當期限為之❷。催告之內容僅須表明債權人請求債務人給付之意旨，無須敘明不於期間內給付，即解除契約之意思表示。催告之內容是請求債務人履行債務，若催告給付之數量多於原契約內容時，僅在原契約內容之範圍內，發生催告效力❸。

　　C.須定相當期限

　　債權人之催告須定相當期限，始能發生效力。此期間為債務履行準備及實際履行所必要之期間，所謂之相當期限，應依社會一般觀念衡量標準判斷之❹。該催告期間乃是為債務人利益而設的，因此，若催告所定之期間長於相當期間，則對於債務人並非不利，是以催告有效。反之，若催告所定期間短於相當期間，應不發生催告之效力；但實務認為，債權人催告定有期限而不相當（過短）時，若自催告後經過相當期間，債務人仍不履行者，基於誠實信用原則，應認亦已發生該條所定契約解除權❺。

---

❷　孫森焱，前揭《民法債編總論下冊》，pp. 748～749。

❸　參最高法院 70 年臺上字第 3159 號判例：「債權人就買賣價金所為之過大催告，僅該超過部分不生效力，尚難謂就債務人應給付部分亦不生催告之效力。本件兩造所訂買賣契約，就令祇訟爭土地部分有效，上訴人催告被上訴人二、三期價款，亦僅超過該土地應付價款部分不生催告之效力。如被上訴人未依限給付應付部分之價款，尚不能謂上訴人據此所為解除該部分之買賣契約，不生效力。」

❹　最高法院 49 年臺上字第 1094 號判例：「出租人依民法第 440 條第 1 項所定催告承租人支付租金之期限，是否相當，應依一般觀念為衡量之標準，不得僅據承租人個人之情事決之，出租人所定之期限在承租人個人雖嫌不足，但若以一般觀念衡之，其期限尚非過短者，仍應認為相當。」

定相當期限催告債務人履行，為同法第 254 條解除權之行使要件，是以，依上述法條文義觀之，債權人須先行催告債務人履行，嗣債務人逾期未為履行，債權人須再定相當期限催告其履行，始得解除契約。惟通說以為，若債權人已定相當期限催告債務人履行，則其催告應已該當民法第 229 條第 2 項及第 254 條之要件，毋庸重複為兩次催告，債務人自受催告時起，負遲延責任，並已具備解除權發生之要件。本書以為，上述通說見解，與我國民法之規定不盡相符，如何在現行法明文規定下做如此之解釋，實有疑義❻。此外應注意者，在雙務契約中，若當事人之一方行使同時履行抗辯權，則可免其遲延給付之責，此時，他方當事人自無主張債務人給付遲延而行使解除權之可能。

D.需債務人未於期間內履行債務

債權人於催告後，並不立即享有解除權，必須債務人在期間內仍不履行其債務，始會發生解除權，是以若債務人於催告所定期間內履行債務，則債權人即不可為解除契約之主張。

具備以上之要件，解除權即於催告所定期間屆滿後發生。須注意的是，債權人僅是取得得解除契約之權利，契約在債權人行使解除權前仍繼續有效，必須債權人為解除契約之意思表示後，始生解除之效力，是以雖已過催告期間，若債務人在債權人解除契約前履行債務，則因債權已獲滿足，從而債權人則無解除契約之餘地。

(2)給付定有期間

按民法第 255 條之規定，依契約之性質或當事人之意思表示，非於一

---

❺ 最高法院 74 年度第一次民事庭會議決議(一)：「依民法第 254 條規定，債務人遲延給付時，必須經債權人定相當期限催告其履行，而債務人於期限內仍不履行時，債權人始得解除契約……債權人催告定有期限而不相當（過短）時，若自催告後經過相當期間，債務人仍不履行者，基於誠實信用原則，應認亦已發生該條所定契約解除權。」最高法院 90 年臺上字第 1231 號判例，亦同其意旨。

❻ 我國法並無如日本民法第 541 條之規定：「當事人一方不履行其債務時，相對人得定相當期限，催告其履行。如於期間內不履行時，得解除契約。」

定時期為給付不能達其契約之目的，而契約當事人之一方不按照時期給付者，他方當事人得不為前條之催告，解除其契約。契約內容之性質為定期行為時，解除權發生之要件如下：

　　A.給付定有期限

　　實務認為，並非契約約定有履行期間，即認為屬定期行為，仍須依客觀上之觀察，視當事人間是否有嚴守履行期限之合意，並對此期限之重要已有所認識而定❼。而學者則認為，定期行為尚可分為非於一定期間履行不能達到契約目的之「絕對定期行為」，以及依當事人之意思表示，非於一定期間履行不能達契約目的之「相對定期行為」。前者如訂製結婚禮服，卻未於結婚期日及時交付，後者如書店接受消費者之預購某暢銷書，並約定於 94 年 5 月 30 日交付該書予預購者，因此書店向出版商訂購該暢銷書，且約定出版商應於 94 年 5 月 30 日以前交付該書。

　　B.債務人不按時期履行

　　定期行為之特性在於注重一定時期之給付，無論為絕對定期行為或者為相對定期行為，只要債務人未於該期限內為給付，其契約之目的即無法達成者，債權人無須為催告，即發生解除權。

　　例如：甲向乙以 100 萬元購買 A 車，原則上買賣為雙務契約，於乙未交付 A 車前甲亦可主張不給付價金（同時履行抗辯）；但如甲先支付價金 100 萬後，乙仍未交付 A 車時，如甲以雙方就 A 車之交付未定有交出日期者，則依上述規定甲應先經催告，如雙方訂有交車日期者，則無庸經催告。

　　此外，因附隨義務之給付遲延者，債權人是否亦得解除契約？學者間有認僅附隨義務的給付遲延，尚不足以構成解除契約之事由❽。亦有認附

---

❼　45 年臺上字第 1718 號判例：「系爭房屋其建築之四十日完工期限，僅為通常約定完成工程之期限，原與民法第 255 條所謂非於一定時期為給付不能達其目的者有間，而依兩造訂立前開合約之內容，又未就此項履行期間有特別重要之合意表示，自無適用該條逕行解除契約之餘地。」

❽　戴修瓚，《民法債編總論下冊》，三民書局，1955 年一版，p. 239。64 年臺再字第 177 號判例：「民法第 255 條所謂依契約之性質，非於一定時期為給付不能

隨義務之給付遲延，倘足以妨礙契約目的之完成，即得解除契約❾。本書認為，以後說為當。

2.給付不能

按民法第 256 條之規定，債權人於有第 226 條給付不能之情形時，得解除契約，是以給付不能亦為解除權發生之法定原因。依前開民法第 256 條之規定，給付不能又可分為給付全部不能及給付一部不能，分別說明如下：

(1)給付全部不能

因可歸責於債務人之事由，致給付不能者，債權人得請求損害賠償，民法第 226 條第 1 項定有明文，是以在給付全部不能的情況下，債權人得行使解除權。例如：甲向 A 古董店購買清朝乾隆時代之花瓶，於交付花瓶前一天，古董店老闆乙因失手將花瓶掉落地上，導致整個花瓶破裂毀損，因債務人乙之過失導致發生給付不能之事由，債權人甲可依民法第 256 條之規定，解除與乙間之買賣契約，並因而可免除甲對乙之價金給付義務。

(2)給付一部不能

依民法第 226 條第 2 項之規定，前項情形，給付一部不能者，若其他部分之履行，於債權人無利益時，債權人得拒絕該部之給付，請求全部不履行之損害賠償。因可歸責於債務人之事由而致給付一部不能者，原則上債權人僅得就該給付不能之部分解除契約。惟給付一部不能時，其他部分之履行對債權人無利益，債權人始得拒絕他部分之給付，而解除契約。是

達其契約之目的者，係指就契約本身，自客觀上觀察，即可認識非於一定時期為給付不能達契約目的之情形而言，如定製慶祝國慶牌坊是。又所謂依當事人之意思表示，非於一定時期為給付不能達其契約之目的者，必須契約當事人間有嚴守履行期間之合意，並對此期間之重要（契約之目的所在）有所認識，如定製手工藝品一套，並告以係為本月 5 日出國贈送親友之用，必須於本月 4 日交付是。本件再審原告應為之給付，係買賣價金，自客觀上觀察殊無非於一定時期為給付不能達其契約目的之情形，而兩造間又無從證明有嚴守六個月履行期限之合意，並對此期限之重要已有所認識，自無民法第 255 條之適用。」

❾ 孫森焱，前揭《民法債編總論下冊》，p. 759。史尚寬，前揭《債法總論中冊》，p. 516。

以契約之主債務給付不能時，債權人得解除契約之全部；契約之附隨義務給付不能時，則以其給付不能是否使契約之目的難以達成而定，若該給付不能未使契約目的無法達成時，則債權人尚難以據此為契約之解除，若附隨義務之給付不能，導致契約目的無法達成時，則有解除權之發生❿。

應注意的是，因給付不能而產生之契約解除權，以可歸責於債務人之事由為限，且由於給付已不可能，是以債權人無須經過催告，即可解除契約。

此外如原為債務人給付遲延後發生給付不能者，於造成給付不能時之時點，債權人可毋庸催告，直接行使民法第 256 條之解除權。例如甲向乙購買 A 狗所生之三隻小狗，並約定等小狗滿月後方行交付，而於小狗滿月後，乙卻遲遲未交付，結果因乙在家抽菸引發失火，三隻小狗全遭大火燒死。於此例中，甲於小狗被燒死之際，即可行使民法第 256 條之解除權，無庸經催告。

3.不完全給付

債務人為不完全給付時，債權人可否解除契約，民法就此並未設有規定，惟依民法第 227 條第 1 項之規定：「因可歸責於債務人之事由，致為不完全給付者，債權人得依關於給付遲延或給付不能之規定行使其權利。」是以，關於民法第 254 條至第 256 條規定以遲延給付及給付不能為原因發生之解除權，於不完全給付亦有適用。例如：甲向乙購買一本世界十大奇景之原裝書，交付該書之後，甲發現書中少了十頁，故：

(1)如該不完全給付而尚能補正者，應適用遲延給付之規定。此時，債權人甲得定相當期間，催告乙履行，如債務人乙於期限內仍不履行時，甲得解除契約。如依契約之性質或當事人之意思表示，非於一定時期為給付，不能達其契約之目的，而契約當事人一方不按照時期給付者，債權人甲得不為催告，解除其契約。

(2)該不完全給付而不能補正者，應適用給付不能之規定，債權人甲得逕行解除契約。不完全給付得解除契約者，應適用民法第 256 條及第 226 條

❿　孫森焱，前揭《民法債編總論下冊》，p. 755。

第 2 項之規定，以不完全給付對債權人甲無利益時，債權人始得解除全部之契約，若該不完全之給付之瑕疵非屬重要，基於誠信原則，認為債權人不得主張解除權❶。

4.預示拒絕給付

若債務人為拒絕給付之表示，則無論清償期是否屆至，債權人均可不經催告而解除契約❷。

5.情事變更

民法並無明文規定情事變更能否作為解除契約之事由，惟有學者認為，情事變更如屬情節重大，要求當事人履行有失公平者，得認契約當事人有解除權❸。

6.違反誠實信用原則

誠實信用原則具有調節契約之功能，是以有學者認為契約當事人於履行債務時，違反誠實信用原則而情節重大時，亦宜肯認他方當事人取得契約解除權❹。

(二)約定解除權

約定解除權乃是契約當事人雙方在訂定契約時，於該契約或另訂契約保留解除權之行使，或約定解除權發生之事由，基於契約自由原則，只要內容不違反公序良俗及法律強行規定，均為有效之約定。約定解除權之效力，除契約當事人雙方另有約定外，可以準用民法關於法定解除權之規定。

四、解除權之行使

(一)解除權人及其相對人

---

❶　孫森焱，前揭《民法債編總論下冊》，p. 767。

❷　鄭玉波，前揭《民法債編總論》，p. 432。

❸　鄭玉波，〈情事變更原則〉，《民商法問題研究(一)》，臺大法學叢書，p. 189 以下。

❹　邱聰智，前揭《新訂民法債編通則下冊》，p. 174。

解除權人及相對人為契約雙方當事人及其代理人或概括繼承人。應注意的是，得行使解除權者，其債權人於符合民法代位權（民法第 242 條）之要件時，亦可代解除權人行使解除權**⓯**。

(二)解除客體

　　法定解除權之發生原因主要是因為契約當事人有一方給付遲延、給付不能或不完全給付而生，是以法定解除權之客體以債權契約為主，而物權契約乃是以物權之得喪變更為內容，而不以債之履行為內容，因此無適用之餘地**⓰**。惟，當事人可否就物權契約，約定解除權發生事由？學者有採肯定說者**⓱**，亦有採否定說者**⓲**；本書以為，基於我國民法物權就因法律行為發生物權變動以登記為生效要件之立法例，若採肯定說，將使物權因解除權行使而變動的情形成為上述規定的例外，為避免與民法第 758 條及第 761 條之規定相衝突，似以否定說較為妥適，且實務似採否定說**⓳**。至於在身分契約的部分，由於身分法別有規定，因此法定解除權亦無適用之餘地。

　　於契約之解除中，以雙務契約之解除最有實益，蓋雙務契約之當事人雙方均具有給付義務，如一方當事人發生給付遲延或給付不能之情形時，於契約未解除之前，契約效力仍繼續存續，他方當事人仍不能免去自己的對待給付，因此於他方當事人行使解除權後，契約效力消滅，既可向相對人請求債務不履行之損害賠償，亦可免除自己的對待給付。而在單務契約

⓯　鄭玉波，前揭《民法債編總論》，p. 433。

⓰　孫森焱，前揭《民法債編總論下冊》，p. 758。

⓱　史尚寬，前揭《債法總論中冊》，p. 511。

⓲　孫森焱，前揭《民法債編總論下冊》，p. 755。

⓳　最高法院 28 年上字第 2113 號判例：「民法第 254 條所謂解除契約，固指解除債權契約而言,但本於債權契約而成立物權移轉契約後,如有解除契約之原因,仍得將該債權契約解除。債權契約解除時，物權契約之效力雖仍存在，而依民法第 259 條之規定，受物權移轉之一方，負有將該物權移轉於他方以回復原狀之義務，不得謂物權契約一經成立，債權契約即不得解除。」

之部分，由於只有債務人一方負有給付義務，因此行使解除權對於債權人是否有實益即有疑義，在給付遲延之情況，若債權人於未解除契約之情況，只能請求遲延之損害賠償，惟解除契約後，可以請求債務不履行之損害賠償，因此仍有其必要。而在給付不能之情況下，原本就可以請求損害賠償，因此是否解除契約，並無太大實益[20]。而在繼續性契約，依我國實務之見解[21]，適用終止之規定，而無適用解除權之餘地，惟在繼續性契約成立後，尚未履行前，宜認為仍有解除權行使之必要[22]

(三)解除權之行使方法

按民法第 258 條第 1 項之規定，解除權之行使，應向他方當事人以意思表示為之，是以有解除權之一方，僅須向他方以意思表示為之，即可發生解除契約之效力，不論言詞或書面均可。再者，解除權之行使，不須經法院之裁判，惟在訴訟進行中，以言詞或書狀表示解除契約之意思，即可生解除之效力，亦無須經過法院判決[23]。

(四)解除權行使不可分原則

按民法第 258 條第 2 項之規定，契約當事人之一方有數人者，前項意思表示，應由其全體或向其全體為之。是以解除權人有數人時，必須全體向相對人為解除契約之意思表示，若相對人有數人時，解除權人必須向全體債務人為解除契約之意思表示，始生解除契約之效力，此為解除權行使不可分原則。例如 ABC 三人共同向甲購買土地，甲以其給付價金遲延為由

---

[20] 鄭玉波，前揭《民法債編總論》，p. 434。

[21] 最高法院 51 年臺上字第 2829 號判例：「解除契約，係指當事人之一方，行使其本於法律或契約所定之解除權，使契約自始歸於消滅之一方的意思表示而言，租賃契約一經合法成立，除有終止之原因外，不能以解除之意思表示使之消滅。」

[22] 邱聰智，前揭《新訂民法債編通則下冊》，p. 176。

[23] 孫森焱，前揭《民法債編總論下冊》，p. 759。

解除契約時，該解除權行使之意思表示，應向 ABC 三人為之，不得僅向 A 或 B 或其中二人表示。

㈤解除之意思表示不可撤銷

依民法第 258 條第 3 項之規定，解除契約之意思表示，不得撤銷。解除權乃是形成權，解除權人為解除之意思表示後，契約即失去效力，若允許解除權行使後再撤銷該意思表示，將使法律狀態不穩定，是以法律明文規定解除之意思表示不可撤銷。惟因詐欺、脅迫或錯誤而為解除契約之意思表示者，學者認為應准其撤銷解除契約之意思表示[24]。

㈥解除契約之意思表示是否得附條件或期限

解除權屬於形成權之一種，原則上不可附條件或期限，避免使相對人處於不安定之狀態。惟解除之意思表示負有停止條件或始期時，該條件或始期對相對人並無不利時，應無不可。但附有解除條件或終期，與解除契約之溯及效力有違，則應予禁止[25]。

五、解除之效力

㈠契約解除後失去效力，是向前溯及既往消滅抑或向將來失效，尚有爭議，學說看法如下

1.直接效果說[26]

此說認為契約解除後，契約效力即溯及消滅，未履行之債務當然免除，而已履行之部分，因契約解除而無法律上原因，因而生不當得利返還之問題。惟返還範圍不以現存利益為限，而以回復原狀為原則。

[24]　鄭玉波，前揭《民法債編總論》，p. 435。
[25]　孫森焱，前揭《民法債編總論下冊》，p. 769。
[26]　孫森焱，前揭《民法債編總論下冊》，p. 762；鄭玉波，前揭《民法債編總論》，p. 437。

2.間接效果說❷

解除不能消滅債之關係，僅有阻止契約所生之債之效力，未履行之部分，發生拒絕履行之抗辯權，已履行者，則發生新的返還請求權。

3.折衷說❷

此說認為未履行之債務因契約解除而消滅，已履行之債務因解除而生新的返還請求權。

4.清算說

此說認為解除權之目的不僅在使解除權人自契約之拘束解脫，通常亦有使他方負返還給付之義務。是以解除權之行使，於雙方之給付義務已履行時，建立了返還義務，解除權只是變更了契約內容，其債之關係仍然存在，僅是內容變更為清算關係❷。

關於契約解除之效力，民法第 259 條已明文規定當事人雙方互負回復原狀之義務。再者，民法除有解除權之規定外，另有契約終止之規定，終止效力與間接效果之內容相同，是以我國通說採直接效果說❸。

㈡回復原狀之義務

1.性　質

關於回復原狀義務之性質，有下列兩說：

⑴特殊不當得利說❸

回復原狀之義務，本質上仍屬不當得利，惟此不當得利之範圍是自「給付者」之立場著眼，請求相對人回復契約訂定前之狀態，與一般不當得利

❷　孫森焱，前揭《民法債編總論下冊》，p. 762；鄭玉波，前揭《民法債編總論》，p. 437。

❷　孫森焱，前揭《民法債編總論下冊》，p. 762；鄭玉波，前揭《民法債編總論》，p. 437。

❷　黃立，前揭《民法債編總論》，p. 516。

❸　孫森焱，前揭《民法債編總論下冊》，p. 762。

❸　孫森焱，前揭《民法債編總論下冊》，p. 763。

是從「受益者」角度觀察，重點在返還其所受之利益者有所不同，故回復原狀義務為一種特殊之不當得利。

(2)法律特別規定之義務❸❷

回復原狀之義務，乃是法律為契約解除所作之特別規定，而與不當得利有別。

契約解除後，使債權契約溯及失其效力，因此相對人所受給付已無法律上原因，是以回復原狀乃是因契約解除而生之返還義務，此點與不當得利之意旨相符，法律僅是對返還之範圍做出特別規定，可認為回復原狀之義務乃是不當得利之特別規定。

2.回復原狀之範圍

契約解除後，債之關係溯及消滅，當事人應負回復原狀之義務，債務未履行者，無須再為履行，債務已履行者，相對人應就受領之給付返還之。回復原狀，除法律有特別規定或當事人有約定外，民法第 259 條之規定，依下列方式為之：

(1)由他方所受領之給付物，應返還之❸❸

---

❸❷ 鄭玉波，前揭《民法債編總論》，p. 438。

❸❸ 臺灣高等法院暨所屬法院 85 年法律座談會民事類提案第 4 號：

法律問題：甲向丙購買已保存登記之房屋及其基地，因為節稅，未辦理移轉登記，甲即將該房地出售與乙，並由丙直接移轉登記與乙，嗣乙未依約給付價金，甲乃解除與乙之買賣契約，請求依民法第 259 條第 1 款規定回復原狀。問可否訴請乙將該房地所有權移轉與甲自己名義？

討論意見：甲說：系爭房地原屬丙所有，甲乙訂立買賣契約後，由丙直接移轉登記與乙所有，乙之取得所有權並非繼受自甲對系爭房地之權利，乙雖負回復原狀義務，亦無直接返還於原非房地所有人甲之理，甲僅得訴請乙將系爭房地所有權移轉登記為丙所有（最高法院 80 年臺上字第 404 號、81 年臺上字第 2501 號判決參照）。乙說：民法第 259 條第 1 款規定，契約解除時，由他方所受領之給付物，應返還之。他方依該條規定行使之權利，為債權的請求權，而非物上請求權，故請求返還受領物之人，非必為該物之原所有人，祇須該物係因其履行給付而受領者即可。乙取得系爭房地所有權係因甲履行出賣人義務之

若受領之給付物為不可替代物，應原物返還之；若受領之給付物為可替代物，則應返還種類、品質、數量相同之物。至於給付物如為債權之擔保物權，因民法第 260 條之規定，解除權之行使不妨礙損害賠償之請求，由於債務不履行之損害賠償與原債務具有同一性質，上開擔保物權同時亦為損害賠償債務之擔保，損害賠償債務既不因契約之解除而受到影響，因此當事人一方受領擔保物之法律上原因仍存在，自不在應返還之範圍內❸❹。

　　(2)受領之給付為金錢者，應附加自受領時起之利息償還之❸❺

　　受領之給付物為金錢時，除返還原金額外，尚須附加受領時起之利息。

　　(3)受領之給付為勞務或為物之使用者，應照受領時之價額，以金錢償還之

　　由於勞務或物之使用無法原物返還，因此應以受領時之客觀價額計算成金錢返還之。此規定與民法第 181 條但書之規定實為相同意旨。

　　(4)受領之給付物生有孳息者，應返還之

　　受領之給付物為金錢以外之物或權利，而由該物或權利所生之天然孳息或法定孳息，亦應返還之。

　　(5)就返還之物，已支出必要或有益之費用，得於他方受返還時所得利益之限度內，請求其返還

　　回復原狀乃為使契約回復之尚未訂定之狀況，若受領人為需返還之物

　　結果，茲契約解除，甲請求乙將系爭房地所有權移轉登記與自己所有，應無不合（最高法院 80 年臺上字第 385 號、81 年臺上字第 977 號判決參照）。

　　審查意見：採乙說。

　　研討結果：㈠多數採乙說。

　　　　　　　㈡送請　司法院轉送最高法院研究。

❸❹ 孫森焱，前揭《民法債編總論下冊》，p. 764。

❸❺ 最高法院 72 年臺上字第 4365 號判例：「解除權之行使，不妨礙損害賠償之請求，民法第 260 條定有明文。此項損害賠償，應不包括同法第 259 條第 2 款所定應返還自受領時起之利息，蓋此項利息之支付，為回復原狀之方法，而非同法第 260 條之損害賠償。從而被上訴人除依民法第 259 條第 2 款規定，請求返還自受領時起之利息外，尚非不得依約定請求給付違約金以為賠償。」

支出必要或有益費用，已使該物之價值超過原來之價值，他方將有不當得利之虞，是以此款特規定得向他方受利益之限度內，請求返還。

(6)應返還之物有毀損、滅失或因其他事由，致不能返還者，應償還其價額

解除契約之效果為回復原狀，避免不當得利之發生，因此應返還之物有毀損滅失或其他事由致不能返還時，如所受領之食物已經食用，仍應償還價額。不能返還之事由，是否出於返還義務人之故意或過失不在此限。

(三)損害賠償請求權

依民法第 260 條之規定，解除權之行使，不妨礙損害賠償之請求❸❻。法條用語中，所謂解除權之行使不妨礙損害賠償權之請求，其「損害賠償」係指為何？依最高法院之見解，該條所規定之損害賠償請求權，係專指因債務不履行之損害賠償而言❸❼。即，契約解除前已生之債務不履行損害賠償責任，並不因契約解除而受影響❸❽。但學者認為，本條所稱之「損害賠

❸❻ 最高法院 94 年臺上字第 913 號：「惟按民法第 260 條規定解除權之行使，不妨礙損害賠償之請求，據此規定，債權人解除契約時，得併行請求損害賠償，惟其請求損害賠償，並非另因契約解除所生之新賠償請求權，乃使因債務不履行（給付不能或給付遲延）所生之舊賠償請求權，不因解除失其存在，仍得請求而已，故因契約消滅所生之損害，並不包括在內，而其賠償範圍，仍應依一般損害賠償之法則，即民法第 216 條定之。損害賠償預定性質違約金仍係因債務不履行所生之舊賠償請求權，並非因契約消滅所新生之損害，故因契約解除所生之損害，於約定之違約金是否過高，及如何酌減之判斷，不應在斟酌之列，原審持相反之見解，即有可議。」
❸❼ 最高法院 55 年臺上字第 2727 號判例：「民法第 260 條規定解除權之行使，不妨礙損害賠償之請求，並非積極的認有新賠償請求權發生，不過規定因其他已發生之賠償請求權，不因解除權之行使而受妨礙。故因契約消滅所生之損害，並不包括在內，因此該條所規定之損害賠償請求權，係專指因債務不履行之損害賠償而言。」
❸❽ 參最高法院 55 年臺上字第 1188 號判例：「民法第 260 條規定解除權之行使，不妨礙損害賠償之請求。據此規定債權人解除契約時，得併行請求損害賠償，

償」，係指因債務人不履行所生之損害賠償請求權，但在損害之方法與範圍上，應適用損益相抵原則（民法第 216 條之 1），故債權人因契約解除而毋庸支付之對待給付，應加以扣除，以免債權人有不當得利之虞 ❸。例如：甲向乙買一輛休旅車價金 80 萬，契約成立後尚未交付前，乙又將該車以 100 萬賣丙並交付給丙。乙對甲構成給付不能，甲依民法第 256 條請求解除契約，故甲無須給付價金 80 萬，而且甲依民法第 226 條請求履行利益之損害賠償，依實務見解，因甲已經解除契約故毋庸給付 80 萬之價金，並進而可向乙請求 80 萬之損害賠償。而學說卻認為，甲如依第 226 條向乙請求全部不履行之損害賠償，當然不能免其對待給付義務，但甲如依第 256 條解除契約時，甲即免為對待給付義務，但其對乙之損害賠償全部不履行之損害額中，應扣除其對待給付額，以其餘額作為事實上發生之損害。此外第 260 條是否包含信賴利益之損害賠償？當契約因可歸責一方當事人之事由而解除後，致他方當事人受有損害時（關於締約時所生之費用如代書費、登記費等），該損害屬於信賴利益之損害，原屬於民法第 245 條之 1 之範疇，因該條之適用有其要件，如具備該條要件當然得依該條解決，但如未能具備民法第 245 條之 1 要件者，本條亦屬於請求信賴利益之請求權基礎。

㈣雙務契約之準用

民法第 261 條規定，當事人因契約而生之相互義務，準用第 264 條至第 267 條之規定。當事人雙方因契約解除而互負回復原狀及損害賠償義務，雖非由雙務契約所生，但恰與雙務契約之關係相同，彼此間具有牽連關係，因此有準用雙務契約之規定 ❹。

惟其請求損害賠償，必非另因契約解除所生之新賠償請求權，乃使因債務不履行（給付不能或給付遲延）所生之舊賠償請求權，不因解除失其存在，乃得請求而已。故其賠償範圍，應依一般損害賠償之法則，即民法第 216 條定之，其損害賠償請求權，自債務不履行時起即可行使，其消滅時效，亦自該請求權可行使時起算。」

❸ 孫森焱，前揭《民法債編總論下冊》，p. 779 以下。

六、解除權之消滅

解除權為形成權，就其消滅民法設有相關規定，茲分述如下：

㈠除斥期間屆滿

解除權行使之期間有依法律之規定者，亦有依當事人之約定者，前者如民法第 365 條第 1 項、第 514 條，後者不問所約定者較法定期間為短或長，均得為之。除斥期間屆滿而未行使解除權者，其解除權消滅。且解除權為一形成權其與請求權性質不同，故無時效中斷之問題。

㈡經他方催告而未行使

依民法第 257 條之規定：「解除權之行使，未定有期間者，他方當事人得定相當期限，催告解除權人於期限內確答是否解除；如逾期未受解除之通知，解除權即消滅。」蓋解除權之行使，若法律未有規定，且當事人亦未有約定時，將使法律關係懸而不決，處於不確定之狀態，故應賦予他方當事人催告權，促使法律關係能及早確定。該催告期間是否相當，參酌最高法院就給付遲延解除契約催告之意旨，應依社會一般觀念認定之❹。

㈢受領物返還不能

依民法第 262 條前段規定，有解除權人，因可歸責於自己之事由，致其所受領之給付物有毀損、滅失，或其他情形不能返還者，解除權消滅。要件如下說明：

1. 受領物有毀損、滅失，或其他情形不能返還
2. 不能返還是因可歸責於解除權人之事由

不能返還因可歸責於解除權人之事由，始能使解除權消滅，若是可歸

---

❹　鄭玉波，前揭《民法債編總論》，p. 443。

❹　最高法院 49 年臺上字第 1094 號判例：「出租人依民法第 440 條第 1 項所定催告承租人支付租金之期限，是否相當，應依一般觀念為衡量之標準……。」

責於相對人之事由，則為民法第 259 條第 6 款返還價額之問題。

3.返還不能須發生在解除權行使前❷

解除權行使後，契約已歸於消滅，是以並無解除權消滅之問題，若返還不能發生在契約解除後，則解除權人僅負損害賠償之責任。

例如：甲向乙買 A 車，雙方於給付價金並移轉 A 車之後，甲發現 A 車有重要瑕疵，但仍然繼續使用 A 車，結果因甲之過失發生重大車禍，A 車全毀。則甲原本雖可向乙主張民法第 354 條瑕疵擔保請求權，並依民法第 359 條主張解除契約，但於此例中，因屬於上述之情形，故甲之解除權消滅。

㈣受領物之種類變更

依民法第 262 條後段之規定，因加工或改造，將所受領之給付物變更其種類者，亦同。要件如下：

1.受領物經加工或改造

加工指就受領物施以工作，使成為新物。改造則是對受領物加以變造，使其成為新物❸。

2.因加工或改造將受領物變更種類

加工及改造必須達到此受領物變更種類之程度始可。若未變更種類，則不但解除權不消滅，且可依民法第 259 條第 5 款請求返還費用。

3.須歸責於有解除權人？

因加工改造使受領物種類變更，是否須可歸責於解除權人，始導致解除權消滅？有認為不以可歸責於有解除權人之事由為限❹，有認仍須以可歸責於解除權人之事由為要件❺。本文認為以後說為是，蓋本條前段既以

---

❷　最高法院 92 年臺上字第 1267 號判決：「有解除權人因可歸責於自己之事由，致其所受領之給付物不能返還，須發生在行使解除權之前，其解除權始歸於消滅；倘於行使解除權後，始發生其所受領之給付物不能返還之情形，契約既經合法解除，要無更使解除權消滅之可言。」

❸　孫森焱，前揭《民法債編總論下冊》，p. 774。

❹　孫森焱，前揭《民法債編總論下冊》，p. 775。

可歸責於解除權人之事由為要件，後段亦應有該要件之適用。且解除權乃為解除權人之權利，欲使其消滅，當應有可歸責於其之事由始為合理。

第二節　契約之終止

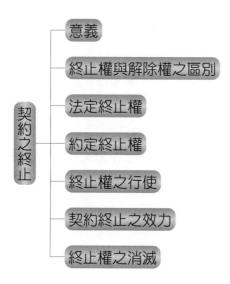

契約之終止
- 意義
- 終止權與解除權之區別
- 法定終止權
- 約定終止權
- 終止權之行使
- 契約終止之效力
- 終止權之消滅

一、意　義

　　契約之終止，係指契約因當事人之一方行使終止權而使契約向後失其效力。契約終止與契約解除最大之不同點在於，契約解除有溯及之效力，使契約自始消滅；而契約終止則僅使契約向後失其效力，終止前之契約關係仍存在❹❻。故終止權乃適用於繼續性契約，例如租賃契約、承攬契約等。

---

❹❺ 鄭玉波，前揭《民法債編總論》，p. 446。

❹❻ 最高法院 91 年臺上字第 1215 號判決：「按終止契約與解除契約不同。契約如經合法解除，則雙方互負回復原狀之義務，解除契約人不得請求他方依原訂契約履行其義務。惟契約如經合法終止，僅使原契約向將來失其效力，對於原已

二、終止權與解除權之區別

終止權與解除權，均為形成權，但終止權與解除權有下列不同之處：

1.終止權之行使以繼續性契約為限，如僱傭、承攬、租賃、委任、合夥等。且依學者多數之見解，解除權之行使原則上以一時性契約為限❹；但繼續性契約已經完成者，學者以為，固無使其溯及失效，而徒使法律關係複雜之必要，但在當事人一方尚未為繼續給付之前，仍不妨承認他方得行使法定解除權❹。本書以為，依民法第259條第3款「受領之給付為勞務或為物之使用者，應照受領時之價額，以金錢償還之」之規定觀之，解除權似亦有可能適用於給付為勞務或物之使用的繼續性契約，且得否解除契約，解除之後法律關係是否趨於複雜，應由當事人決定之，實不應以此否定當事人之契約解除權。

2.我國民法並無就終止權為一般性之規定，僅在債編各論的有名契約（即典型契約）中個別規範之。而解除權則就債務不履行之情形，於債編總論中為一般性的規範。

3.契約解除因使契約溯及失效，故會發生回復原狀的問題。而契約終止因僅使契約向後失效，已發生之債之關係的效力不受影響，不生回復原狀的問題。

三、法定終止權

我國民法就法定終止事由，僅在各種有名契約中個別規範之，並未如

依約行使、履行之權利、義務，不生影響。查兩造原訂立之系爭合約已經終止，則系爭契約係自終止時向後失其效力，兩造就系爭契約終止前發生溢付款項之權利、義務，仍應依系爭契約之約定行使、履行，不生影響。」

❹ 孫森焱，前揭《民法債編總論下冊》，p.796。邱聰智，前揭《新訂民法債編通則（下）》，p.586。

❹ 孫森焱，前揭《民法債編總論下冊》，p.807。邱聰智，前揭《新訂民法債編通則（下）》，p.370。

解除權之發生事由設有一般規定。以下即羅列我國民法關於終止權之發生事由：

發生事由	法規依據
租賃契約	民法第 424 條、第 435 條第 2 項、第 436 條、第 438 條、第 440 條、第 443 條第 2 項、第 447 條第 2 項、第 450 條第 2 項、第 452 條、第 458 條、第 459 條。
使用借貸契約	民法第 472 條。
僱傭契約	民法第 484 條第 2 項、第 485 條、第 489 條第 1 項。
承攬契約	民法第 511 條。
旅遊契約	民法第 514 條之 3 第 2 項及第 3 項、第 514 條之 5 第 3 項及第 4 項，第 514 條之 7 第 1 項、第 514 條之 9 第 1 項。
委任契約	民法第 549 條第 1 項。
代辦商契約	民法第 561 條。
寄託契約	民法第 597 條、第 598 條、第 601 條之 2。
人事保證契約	民法第 756 條之 4、第 756 條之 5 第 2 項。
一般保證契約	民法第 754 條。

四、約定終止權

終止事由之發生原因得由當事人合意定之，惟應注意不得違背法律之強行規定，如土地法第 100 條、第 103 條，耕地三七五減租條例第 17 條等就租賃關係終止原因的限制❹。

---

❹ 依土地法第 100 條、第 103 條，耕地三七五減租條例第 17 條就租賃關係為終止者，僅得在具備該法定原因時始得為之。

五、終止權之行使

依民法第 263 條之規定,第 258 條之規定於法定終止權之行使準用之,是以法定終止權之行使,應向他方當事人以意思表示為之,契約當事人之一方有數人時,應由全體或向其全體為之。終止之意思表示不可撤銷❺⓪。

六、契約終止之效力

契約終止並無溯及效力,僅向後失效,故在終止前已發生之法律關係仍繼續存續,不因契約終止而受影響。依民法第 263 條準用第 260 條之結果,契約終止前已發生之損害賠償請求權並不因契約終止而受影響。而損害賠償請求權之發生,應依各該契約之相關規定認定之,如民法第 489 條第 2 項、民法第 511 條、民法第 549 條等。

七、終止權之消滅

終止權因終止權之行使而消滅。法定終止權因終止權發生原因消滅而消滅,如出租人基於民法第 440 條而欲主張終止契約,若承租人於出租人終止之聲明到達前,已為租金之支付者,出租人縱有聲明,亦不生終止之效力❺①。亦有學者以為,繼續性契約定有終期者,契約於期限屆滿終止權

---

❺⓪ 最高法院 64 年臺再字第 2394 號判例:「終止權之行使,依民法第 263 條準用同法第 258 條之規定,應向他方當事人以意思表示為之,契約當事人之一方有數人者,該意思表示,應由其全體或向其全體為之,此為終止權行使之不可分性。被上訴人既主張系爭房屋,乃上訴人夫婦與沈某夫婦四人以臺北菸廠職工身分共同承租居住,則其終止權之行使即應向該四人為之,果僅對上訴人一人為終止租約之意思表示,尚難謂為已生終止租約之效力。」

❺① 最高法院 46 年臺上字第 1508 號判例:「承租人租金支付有遲延者,出租人得定相當期限催告承租人支付租金,如於其期限內不為支付者,出租人固得終止契約,惟承租人如於其終止租約之聲明到達前已為租金之支付者,出租人縱有聲明,亦不生終止之效力。」最高法院 44 年臺上字第 1345 號判例、最高法院 44 年臺上字第 239 號判例,亦同此意旨。

即失其效力，即無再為終止之必要，而繼續性契約若為不定期者，而當事人若拋棄終止權，將使契約關係永無終止之日，故其拋棄有違公序良俗，應認其拋棄無效❺❷。

第三節　案例演練

案例一

甲將其所有坐落某市區內建地一筆出售與乙，訂約當時，乙信任對方為多年好友不疑有他，乃以高價承買，並即交付定金 5 萬元，嗣乙查覺該建地早經政府公告為公園用地在案，問乙得主張如何其權利？

解　析

如甲仍可依約將建地所有權移轉與乙，該建地雖已因劃為公園用地，但與第三人對於買受人享有之所有權，得主張權利之情形有別，應不屬於權利瑕疵。但因該建地已劃為公園用地，致買受人不得自由使用該建地改建或重建房屋，並有隨時被徵收之危，乃屬於民法第 354 條所定之物有減少價值或通常效用之瑕疵，甲應依民法第 354 條之規定負契約預定效用之瑕疵擔保，乙依民法第 359 條規定得解除契約，此為一種法定解除權。此外關於定金之返還，由於甲並非不能履行債務，乙不得依民法第 249 條第 3 款請求加倍返還定金，應適用民法第 259 條之規定請求返還原付定金。

---

❺❷　孫森焱，前揭《民法債編總論下冊》，p. 810。

案例二

契約之解除

　　甲向乙購買 A 地預定作為收費停車場之用，於辦妥 A 地所有權移轉登記之後，甲亦開始經營收費停車場之生意，月入 10 萬。但甲遲遲未給付乙該土地之價金，經乙屢次催告均無效，故乙解除與甲間之買賣契約，乙除要求甲返還 A 地之外，問乙可否向甲主張停車場之收益？

 解　析

　　契約解除後，債之關係溯及消滅，當事人應負回復原狀之義務，債務未履行者，無須再為履行，債務已履行者，相對人應就受領之給付返還之。而回復原狀，除法律有特別規定或當事人有約定外，依民法第 259 條之規定解決。按民法第 259 條第 1 款及第 4 款之規定：「契約解除時，當事人雙方回復原狀之義務，除法律另有規定或契約另有訂定外，依左列之規定：一、由他方所受領之給付物，應返還之。……四、受領之給付物生有孳息者，應返還之。」是以，乙解除契約後，雙方須依民法第 259 條之規定回復原狀，則甲應返還土地之外，乙得否依民法第 259 條第 4 款之規定，要求甲返還關於停車場之收益？因為停車場之收益可視為受領之給付物（土地）之法定孳息，依民法第 259 條第 4 款亦應返還之。故乙得據此向甲主張停車場之收益。

第

5

章

契約法之新
趨勢

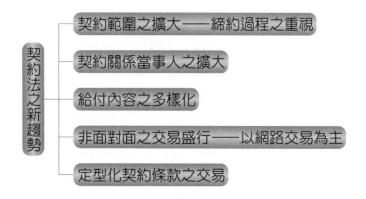

　　當前契約法面臨社會快速之變動下，傳統之契約法理論面臨以下之問題：

一、契約範圍之擴大──締約過程之重視

　　傳統契約法認為，契約一旦因當事人合意而成立之後，始產生契約之拘束力，因此傳統契約理論重在以「契約之成立」至「契約之履行」為中心之當事人間權利義務關係；然而現代社會交易之法律關係逐漸走向複雜化與專業化，故契約關係之成立，並非當事人立即可產生合意而成立（例如不動產買賣契約），而是經過多次之交涉、確認、溝通之後，雙方才達成契約之合意，因此於雙方開始進入契約交涉階段即所謂「締約過程」之關係逐漸受到重視，包括契約交涉過程中一方不當地中斷交涉之問題，以及交涉過程中資訊提供義務等問題即被提起。於我國法目前關於締約過程中之規範，見於民法第 245 條之 1，即所謂締約上過失責任之問題，然依本書所檢討之結果認為，我國民法第 245 條之 1，其所涵攝之契約交涉過程之問題其實仍有限（詳見第 3 章第 2 節）。

二、契約關係之當事人之擴大

　　由於時代進步，促使交易關係之多樣化與複雜化，一交易關係往往非單一契約型態而係由數個契約所構成，以信用卡使用契約為例，牽涉到三

方契約關係,即消費者與發卡銀行間之信用卡使用契約,消費者與業者間之買賣契約,以及發卡銀行與業者間之特約商店契約,原則上三個契約乃各自獨立之契約,基於契約相對性之原則,不得以一方之法律關係對抗另一方契約之當事人。而實務上,一般我國信用卡使用契約條款中,對於消費者與商店業者間之糾紛,依傳統契約相對性之原則,原則上不得據以對抗發卡銀行;而契約法之學者,認為為達成一定之交易目的而結合之複數契約❶,其中之一契約當事人基於其契約所具有之抗辯權或解約權,可以對抗該契約之外之他契約當事人。即以擴大對於契約當事人之範圍,來解釋此種情形,據此可知契約相對性之觀念已非絕對之原則。

三、給付內容之多樣化

傳統民法之下,契約給付之內容,一般分為物(財產權為標的如買賣、贈與)以及勞務(委任、承攬),但因科技之高度發展之下,如數位化之商品其屬於物或勞務之分類即產生疑義,如網路數位化商品等無實體商品之購買,是否屬於買賣契約即有疑義(參照第 2 章第 3 節之 7)。因此傳統給付內容之分類,已經不敷實際所需。

四、非面對面之交易盛行——以網路交易為主

目前由於各項傳播資訊之發達,交易型態從傳統之店舖交易(面對面交易),走向無店舖交易(非面對面交易),例如藉由電腦終端機進行網路交易即屬一例,此類交易之特性於本文中電子契約已經有所論及,其所產生契約法上之問題為今後契約法之重要課題之一。

五、定型化契約條款之交易

為因應大量交易時代之來臨,定型化契約大量被使用於日常交易行為中,此類契約由於非雙方所訂定,而由一方當事人自行訂定,因此對於此類契約其內容之妥當性與否,為當前民法保護弱勢之人(消費者)之重要

❶ 除了信用卡使用契約外尚有跨行之電匯契約、老人安養中心之契約等。

工作之一，因此民法增訂了第 247 條之 1，即加強對此類契約之規範。

依上述之契約現象來看，由於新型態之交易方式不斷出現，使得傳統契約法理論面臨了一些新的挑戰與衝擊。而本文僅提醒讀者於學習契約基本理論之後，不要忘記此僅為一個起點而非終點，因為將來契約法所面臨之課題是既深且長的！

案　例

　　甲於乙個人所架設之購物網站上看到「華碩筆記型電腦限量 10 臺每臺特價 1,999 元」，甲認為機不可失，於是按下「我要購買」之按鍵，立即下單訂購；網站亦回函已成交。然而過了一天乙購物網站寄給甲一封電子郵件說明：由於工作人員之疏忽原本定價為 19,999 元之筆記型電腦物，因輸入錯誤而誤為 1,999 元，故所有該交易均撤銷，問乙可否撤銷與甲之交易？並說明其法律依據為何？

解　析

本題中乙於網站上明示「華碩筆記型電腦限量 10 臺每臺特價 1,999 元」之行為，當可視為華碩筆記型電腦所有人所為之要約之引誘。甲於乙購物網站上看到「華碩筆記型電腦限量 10 臺每臺特價 1,999 元」，於是按下「我要購買」之按鍵立即下單訂購之行為，應屬欲承買筆記型電腦之要約，之後網站之回函可視為承諾。故電腦所有人與甲（買賣當事人）互相表示意思一致，契約即為成立。

依民法第 88 條第 1 項規定：「意思表示之內容有錯誤，或表意人若知其事情即不為意思表示者，表意人得將其意思表示撤銷之。但以其錯誤或不知事情，非由表意人自己之過失者為限。」今原價應為 19,999 元之筆記型電腦，因乙之工作人員之疏忽而錯輸入成 1,999 元，該錯誤應為民法第

88 條第 1 項所規定之「表意人若知其事情即不為意思表示」之表示行為錯誤類型，惟適用該條項之前提是：錯誤非由表意人自己之過失。本文認為，民法第 88 條應與民法第 220 條之過失為同樣解釋，認為係指抽象輕過失。因此本例中，乙之工作人員顯然未盡善良管理人注意義務，該錯誤係由乙購物網站之工作人員之過失所致，依民法第 224 條規定：「債務人之代理或使用人，關於債之履行有故意或過失時，債務人應與自己之故意或過失，負同一責任。但當事人另有訂定者，不在此限。」因此，除非符合民法第 224 條但書之例外規定，否則乙必須就該工作人員之過失負同一責任。在乙自身負有過失之情況下，即無法主張民法第 88 條第 1 項主張撤銷其意思表示。

結論：依民法第 224 條及第 88 條第 1 項之規定，乙不得撤銷其意思表示。

附　　錄

案例演練

　　綜觀本書契約法規定，包含總論與各論部分，或許大家會有個想法，當你對於整個契約之總論與各論間有整體之理解時，民法之規範幾乎可說解決大半。因此就本書所附之習題，在你融會貫通本書之理論後，相信你也會得心應手地解答了。

案例一

　　甲乙間成立土地買賣契約，並由甲　　　　　　　① 買賣土地　③ 解除契約
將所賣土地移轉其所有權予乙後，雙方　　　甲　——————————→ 乙
又解除契約，甲依民法第 259 條主張乙應回復原狀，甲訴之聲明究　　　　　　　② 移轉所有權
竟應訴請乙辦理所有權移轉登記與甲，或僅須訴請乙塗銷原先之所
有權移轉登記？

解　　析

　　法律行為依其法律效果之不同，可分為債權行為與物權行為，因此雙方當事人間所為具有法律效果之合意，亦有債權契約與物權契約之分。於本案甲、乙間除成立土地買賣契約外，甲並將買賣標的之土地移轉所有權予乙，因此於甲、乙間除了買賣契約合意之外，尚有發生物權變動之物權行為合意存在，亦即，本案事實中存有兩個契約行為，其中甲、乙間之土

地買賣契約係屬債權契約，而甲將土地所有權移轉予乙之法律行為則屬物權契約。

當甲、乙解除了土地買賣契約時，該債權契約因此而溯及消滅，然而有問題的是與該債權契約相關之物權契約，是否亦隨之失其效力？其區別實益在於：若物權契約不因債權契約之解除而隨之失效，則所有權之移轉仍屬有效，甲應請求乙辦理所有權移轉登記予甲；反之，如物權契約因債權契約之解除而隨同失其效力，則甲僅須訴請以塗銷所有權移轉之登記即可。就此疑義，有肯否兩種兩說：

㈠肯定說

本於債權契約而成立物權移轉契約後，如有解除契約之原因，仍得將該債權契約解除，惟債權契約解除時，物權契約並不因之而失其效力，故依民法第 259 條之規定，受物權移轉之一方，負有將該物權移轉於他方回復原狀之義務❶。

㈡否定說

此說認為，契約之解除，乃有解除權者所為，使契約當事人間，發生與自始無契約發生之同一狀態之單方的意思表示，因此契約解除後，請求塗銷原先之所有權移轉登記，即能達到回復原狀之目的，並無請求乙辦理所有權登記之必要❷。

上述二說，自應以肯定說較為妥當，按民法第 254 條所謂解除契約，係指解除債權契約而言，因此本於債權契約而成立物權契約後，如債權契約有解除之原因，仍得將該債權契約解除。債權契約解除時，物權契約之效力仍然存在，依民法第 259 條之規定，受物權移轉之一方，自負有將該物權移轉於他方以回復原狀之義務，此與物權契約本身有無效之原因或得撤銷，而得為塗銷登記之請求，不宜混為一談。從而本題甲依民法第 259 條

---

❶ 參照最高法院 28 年第 2113 號判例、司法院 72. 11. 22 ⑺廳民一字第 0810 號函復臺高院

❷ 參照司法院 77. 10. 8 ⑺廳民一字第 1199 號函復臺高院函。

主張乙應回復原狀，自得訴請乙將訟爭土地辦理所有權移轉登記予甲。

案例二

甲向乙購買土地，乙已將土地所有權移轉登記予甲，並將土地交付予甲，甲則仍有尾款 100 萬元屆期遲未給付，經乙定相當期限催告後仍未履行。事隔十五年之後，乙乃依民法第 254 條之規定向甲表示解除契約，並請求甲返還係爭土地，甲則以乙之價金請求權已因罹於時效而消滅，乙已不得再行使解除權等語抗辯，請問甲之抗辯是否有理由？

① 購買土地
甲　　　　　　　乙
② 所有權移轉登記

尾款 100 萬未給付

解　析

依民法第 254 條規定所為之解除權行使，係使已生效之法律行為，溯及失其效力。而解除權本身係屬形成權之一種，僅需權利人單方為意思表示，即可使雙方權利義務發生變動，故其行使所產生的變動十分重大，因此法律通常會訂定一定之期間來限制形成權之行使，以免當事人之權利義務長期處於不確定之狀態下，不利於法秩序的安定，而該限制形成權行使之期間稱為「除斥期間」。

由於民法第 254 條之解除權，其並無除斥期間的相關規定，因此當契約中之債權請求權已罹於時效，轉變為自然債務時，契約之一方是否仍可行使解除權使契約溯及消滅？就此疑義，有以下兩種見解：

(一)甲說

按民法第 254 條之解除契約，係以「契約當事人之一方延遲給付」為要件，因此應以債務人仍有履行契約之給付義務為前提。如債務人已無履

行契約之給付義務，則債務人自無延遲給付可言，債權人即不得再行使契約解除權，否則債務人因時效完成而得享有的時效利益，將因債權人行使解除契約而變相的被剝奪。

(二)乙說

解除權乃形成權之一種，並無時效消滅之適用。因此，如債權人已依民法第 254 條之規定取得解除契約之權利，由於法律就該解除權之行使並未設有除斥期間之規定，則該契約解除權自不因價金請求權已罹於時效消滅而隨同消滅。因此如債權人行使解除權時未違反誠信原則，則於其解除契約意思表示到達時，契約消滅，債務人無從以價金請求權罹於時效而為抗辯。

如採乙說見解，則縱然債權人怠惰行使其權利亦不會受到任何不利益，反倒是債務人卻無法保有其本得享有之時效利益，如此，消滅時效之立法目的將無法達成。因此本文認為甲說較為可採。本例而言，本件乙之價金給付請求權既已罹於時效而消滅，依民法第 144 條，甲因此即取得拒絕對乙履行契約給付義務之抗辯權，既然甲具有拒絕履行給付義之務正當理由，即無給付遲延情事，因此乙自無法以契約當事人之一方（甲）遲延給付為由，主張民法第 254 條行使解除權以解除契約。

案例三

甲起訴請求乙返還借款，乙則以甲向其承租房屋一棟，租約曾約定，甲如於租期屆滿不遷讓交還房屋時，除應交付一定金額之違約金外（懲罰性違約金）並應另按日以新臺幣 1,000 元計算賠償乙之損害（損害賠償額之預定），甲已逾二年餘未遷讓交還房屋，依此約定之違約金，與其所負借款債務抵銷後，甲已無債權存在等語為抗辯。甲於乙主張抵銷後，以約定之違約金顯然過高，請求法院

核減。問法院於乙主張抵銷後是否仍得就違約金之約定過高與否加
以審究及核減？

解 析

　　本例甲、乙所約定之違約金，係屬損害賠償預定違約金，此種違約金
是債務不履行損害賠償的預先訂定，一旦債務人有不履行債務之情狀則直
接以該預定之金額作為損害賠償額，不待舉證證明所受損害係因債務不履
行所致及損害額之多寡，可快速解決紛爭。因此，一旦有債務不履行情事
發生，債權人得按約定之違約金，請求債務人支付，債務人亦不得證明債
權人未受損害或損害額不及違約金額之多，而請求減免賠償；反之，債權
人亦不得證明實際所受損害額多於違約金額，請求按所受損害賠償。惟，
損害賠償預定違約金的金額，如果有過高、不合理之傾向時，依照民法第
251 條、第 252 條規定，法院得以一般客觀事實，社會經濟狀況及當事人
所受損害情形為標準，就違約金為適當之酌減。

　　本案例中，甲、乙約定按日新臺幣 1,000 元計算之違約金，乙雖然以
甲違約，應交付違約金為抗辯，惟其抗辯是否屬實，法院自應加以審究。
另外，乙有無實際損害、其損害金額若干，仍有待法院予以審認，倘法院
認為違約金之約定如屬過高，應予核減，不因乙主張其與甲之間有損害賠
償預定違約金之約定，即可認定一旦甲違約即應依約交付違約金而使甲負
給付違約金之債務。另外，乙所得主張之得抵銷金額亦僅在法院予以酌定
範圍內始發生抵銷之效力，超過法院酌定之範圍以外的部分，因違約金債
權不存在，當不生抵銷之效力。因此法院於乙主張抵銷後仍得就違約金之
約定過高與否加以審究及核減，於法院酌定之範圍內才發生抵銷效力。

案例四

某甲向某乙購買貨物一批，並依某乙之指示將價金存入第三人某丙之帳戶內以清償某乙對某丙所負之債務（惟雙方並未具體約定某丙有直接向某甲請求給付之權），請問：甲、乙間所訂立之買賣契約，性質上是否屬於民法第 269 條所規定之「第三人利益契約」？

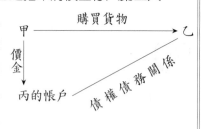

解　析

　　此種向第三人為價金給付之買賣契約，究竟是否屬於第三人利益契約，學說上認為，依民法第 269 條第 1 項規定，第三人對於債務人亦有直接請求給付之權者，係屬真正之第三人利益契約。而如當事人不具此法效意思，或債權人與債務人約定，應由債務人向第三人為給付但第三人則不得向債務人直接請求給付者，則此種形態雖與真正第三人利益契約不同，但仍具有第三人受有利益的特點，故應認為係屬於「不真正」之第三人利益契約。本件某甲依某乙之囑咐而將買賣價金存入某丙之帳戶，某甲與某乙間因未明確約定使某丙取得直接請求給付之權，故係爭買賣契約之性質，應屬不真正第三人利益契約❸。

❸　詳參孫森焱著，前揭《民法債編總論下冊》，pp. 847～849

案例五

甲向乙購買貨物乙批，價款新臺幣（下同）5萬元，由甲簽發同額支票一紙交付乙，以為清償買賣價金之方法，嗣後甲發現該批貨物有瑕疵，乃向付款人為止付通知，乙於支票提示退票後向法院起訴，請求甲給付票款，甲則以乙交付之貨物有瑕疵為抗辯，拒絕給付票款。問乙之請求有無理由？

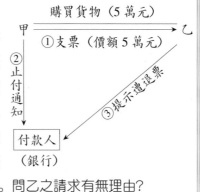

解　析

於本案例事實中，甲以交付之貨物有瑕疵為由，拒絕給付買賣價金之抗辯是否妥當，應以甲是否得依民法第 264 條之規定行使同時履行抗辯權為斷。關於買賣標的物之瑕疵是否得構成行使同時履行抗辯之原因，向有正、反兩種意見。肯定說認為，買賣標的物有瑕疵時，應視為債務人未依債務本旨履行給付義務，故買受人自得依民法第 354 條及第 264 條規定，行使同時履行抗辯權。然否定說則認為依民法第 348 條第 1 項之規定，出賣人只要交付該買賣標的物並移轉所有權即完成其給付之義務，至於該物是否有瑕疵，並非民法第 348 條第 1 項所規範之問題，而係屬瑕疵擔保責任之範疇，買受人僅得依民法上關於買賣瑕疵擔保之規定，解除買賣契約或請求減少其價金，不得主張出賣人違反民法第 348 條、具有債務不履行事由而依民法第 264 條行使同時履行抗辯權。

目前通說採取的是折衷說的看法，認為出賣人就其交付之買賣標的物有應負擔保責任之瑕疵時，倘該瑕疵係發生於契約成立後且係因可歸責於出賣人之事由所致者，則出賣人除了負擔物之瑕疵擔保責任以外，同時亦構成不完全給付之債務不履行責任，買受人就此二者皆可為主張。故，買

受人如主張：

（一）出賣人應負物之瑕疵擔保責任

買受人得依民法第 360 條規定向出賣人請求不履行之損害賠償，或依同法第 364 條規定請求另行交付無瑕疵之物；而於出賣人為各該給付以前，為確保買受人之權益不致受損，買受人非不得行使同時履行抗辯權。

（二）出賣人應負不完全給付之債務不履行責任

既然買受人主張出賣人應負不完全給付之責，則買受人即得主張民法第 227 條請求損害賠償；或適用給付遲延之法則，請求補正或賠償損害，此時並有民法第 264 條規定之適用。惟實務上認為，買受人此時得否行使同時履行抗辯權，尚需視買賣標的物係屬特定物抑或是種類物而定；於特定物之買賣，買賣標的物因有瑕疵，買受人固得主張瑕疵擔保請求權，但其已無履行請求權，故不得為同時履行之抗辯❹。但在種類物買賣，買受人除得依瑕疵擔保之規定請求解除契約或減少其價金外，並可請求另行交付無瑕疵之物，此時主張債務不履行之同時履行抗辯，方有其實益。

因此，本案例中甲得否以買賣之貨物有瑕疵為由拒絕給付票款，應視其貨物之種類而定，若屬特定物買賣，甲不得主張同時履行抗辯權拒付票款，乙之請求有理由；但若屬種類物買賣，則甲得主張同時履行抗辯權拒付票款，乙之主張應無理由。

案例六

甲將土地售乙，並已交付，乙亦付清價款。惟在辦理所有權移轉登記前，土地為政府徵收。乙請求返還價金，有無理由？

付清價款

甲　買賣土地　乙

所有權移轉登記前
土地遭徵收

---

❹ 59 年臺上字第 2882 號判決參照。

 解　析

　　本例甲辦理所有權移轉登記予乙之前，土地為政府所徵收，致甲無法依約履行債務將該土地所有權移轉登記予乙，政府徵收土地之行為應屬不可歸責當事人之事由，對於因不可歸責於雙方當事人之事由導致給付不能時，就該債務不履行之不利益，應歸由哪一造當事人承擔方為合之風險分配，稱之為危險負擔。

　　於不可歸責當事人之事由致債務不履行（給付全部不能）之情況下，債務人甲固可主張民法第 225 條第 1 項：「因不可歸責於債務人之事由，致給付不能者，債務人免給付義務。」而主張自己不負移轉土地所有權之義務。此時債權人乙則有可能主張民法第 266 條：「因不可歸責於雙方當事人之事由，致一方之給付全部不能者，他方免為對待給付之義務……」而主張自己亦免給付買賣價金之對待給付義務並依同條第 2 項要求債務人返還先前收受之土地買賣價金（不當得利）。此時債務人甲亦有可能主張民法第 373 條：「買賣標的物之利益及危險，自交付時起，均由買受人承受負擔。」而認為交付土地之同時，土地之危險亦一同移轉予乙，因此乙必須承受價金危險，不得向債務人甲要求返還買賣金。詳言之，本例之爭點在於民法第 266 條與第 373 條之適用先後順序如何。

　　本文認為，民法第 266 條係屬雙務契約危險負擔之一般規定，而同法第 373 條則係就買賣標的物利益危險之承受負擔所特別之規定。依本例題旨所示，甲乙之間既為買賣契約，於符合民法第 373 條規定之情況下，其危險負擔自應優先適用民法第 373 條之特別規定，買賣標的物之利益及危險，自交付時起均應由買受人加以承受。

　　準此，則雖然本案買受人乙最終未取得土地所有權，惟出賣人甲既已將土地交付予乙，則價金危險即應由買受人乙加以承擔，買受人乙不得主張民法第 266 條第 2 項，請求甲返還已收受之買賣價金。惟此時買受人乙得主張類推適用民法第 225 條第 2 項：「債務人因前項給付不能之事由，對

第三人有損害賠償請求權者，債權人得向債務人請求讓與其損害賠償請求權，或交付其所受領之賠償物。」要求甲交付因土地被徵收而自政府領取之補償金。

案例七

買受人甲於買賣契約成立前，交付定金 5 萬元予出賣人乙，嗣乙拒絕簽訂買賣契約，甲得否訴請加倍返還定金？

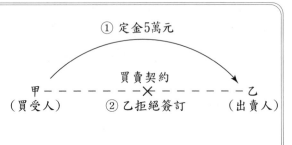

解 析

甲於契約成立前交付定金於預定之契約相對人，此種定金，係在契約成立前交付之以擔保契約之成立，稱立約定金；此與民法 249 條當中以確保契約履行為目的之違約定金，係在契約成立後交付者，自有差別。然有關立約定金之效力，實務及通說均認為其得類推適用民法 249 條之規定加以處理。因此交付立約定金者，除當事人另有約定應依其約定外，如付定金之當事人拒不成立主契約，則受定金之當事人毋庸返還其定金；如受定金當事人拒不成立主契約，即應加倍返還。本題於契約成立前交付之立約定金，如當事人並無特別約定，則應類推民法 249 條規定處理，因此甲訴請加倍返還定金，應屬有理由。

 案例八

甲與乙訂立買賣土地契約，訂約時買受人甲付定金新臺幣5,000元予出賣人乙，並約定如買受人不買時，定金5,000元由出賣人沒收，如出賣人不賣時，應加倍返還定金，問乙可否以不賣願加倍返還定金為由行使契約解除權？

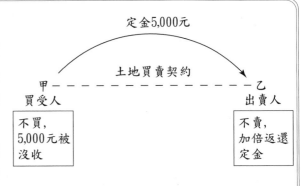

解　析

甲交付 5,000 元定金並與乙所為之該項約定，是否得作為乙行使解除權之依據，需端看此項定金之交付及約定，係屬違約定金之性質，抑或是解約定金。

所謂違約定金，係為確保契約順利履行之目的所為，因此通說認為違約定金具有違約金之性質，係一種損害賠償額之預定，在契約之一方有違反契約情事時，則具有沒收違約定金之事由，倘一方違反契約之情況符合契約解除之條件時，當事人亦得依法解除契約。至於解約定金則係雙方特別約定一定金錢並交付之，而以該數額是為保留契約解除權之代價，亦可視為雙方當事人就契約的解除條件為特別之約定；因此，雙方依約得不具任何理由，以約定給付之定金數額為代價，直接解除契約。

就本例而言，並無法就案例事實明確判斷出當事人係將「不買」、「不賣」之情況解為契約之違反，亦或解除權之行使。如為前者，則該項約定係為違約定金，當事人不買或不賣時，構成契約之違反，其定金應沒收或

加倍返還之，然契約並不因之而解除，僅在符合民法解除契約之相關規定時，當事人之一方得另行解除契約，故不得以加倍返還定金為由，解除契約。如為後者，則此時定金之約定被視為解約定金，依照解約定金之目的及內涵，以自得以不賣願加倍返還定金為由，行使契約解除權。

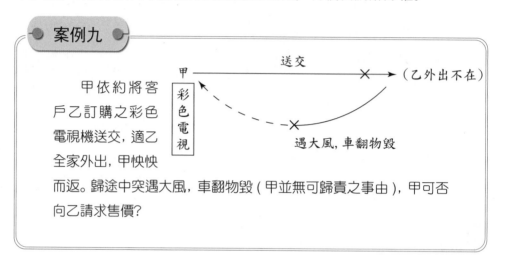

甲依約將客戶乙訂購之彩色電視機送交，適乙全家外出，甲怏怏而返。歸途中突遇大風，車翻物毀（甲並無可歸責之事由），甲可否向乙請求售價？

解　析

按民法第235條規定：「債務人非依債務本旨實行提出給付者，不生提出之效力。」反之，倘債務人依債務本旨實行提出給付，即生提出之效力。復依民法第234條規定：「債權人對於已提出之給付，拒絕受領或不能受領者，自提出時起，負遲延責任。」因此，倘債權人對於債務人依約提出之給付，債務人拒絕受領或不能受領時，依民法第234條規定，債權人應負擔遲延責任，於此狀況下，依同法第237條規定，債務人僅就故意或重大過失，負擔損害賠償之責；因此，於受領遲延之情況下，此時危險負擔將大部分的移轉於應付遲延責任之債權人身上。然如給付係屬買賣標的物時，尚有民法第373條之危險負擔特別規定，則於因買受人受領遲延致買賣標的物尚未交付買受人之情況，危險負擔就應由買受人亦或出賣人負擔，則生疑義：

㈠甲說

此說認為依民法第 373 條規定，買賣標的物之利益及危險自交付時起，始由買受人負擔，而該條為民法第 267 條之特別規定，應優先適用。因此不論買受人是否有受領遲延之情況，出賣人在尚未交付買賣標的物時，其危險負擔尚未移轉，應自為承擔。

㈡乙說

此說認為，當事人之一方因可歸責於他方之事由致給付不能者，仍得請求對待給付，民法第 267 條定有明文。而所謂可歸責於他方事由，情形甚多，受領遲延即為其一。因此於買受人受領遲延之情形下，出賣人自得主張民法 267 條之規定。

上述兩說，應以乙說較為妥適，倘債權人受領遲延後發生不可歸責於債務人事由導致給付不能，卻將此不可歸責於債務人之事由所導致之不利益歸由出賣人加以承擔，自屬無理，因此，應將此情況認定係屬可歸責於債權人所導致的債務不履行為較為有理。準此，如本題某甲將某乙訂購之彩色電視機送交某乙宅係依約定之履行期履行或由於某乙之催告，或某甲已於相當期間前預先通知某乙，某乙屆期竟舉家外出，自應負受領遲延之責任 (參照民法第 234 條第 236 條但書)。嗣因不可歸責於某甲之事由，致電視機毀壞。依民法第 225 條第 1 項，出賣人甲免除給付義務。另外，由於出賣人甲依債之本旨履行契約，反倒是買受人乙受領遲延之後買賣標物因不可歸責於乙之事由而毀，此時應可認為係屬可歸責於債權人乙之事由，出賣人甲自得主張民法第 267 條請求買受人乙履行對待給付義務支付買賣價金予甲。

案例十

甲男與乙女於民國 88 年結婚後，於婚姻關係存續中乙女以配偶之身分辦理一張以其夫甲男為主卡之附卡，甲乙雙方於民國 92 年離婚，離婚後甲男之信用卡發卡公司就甲男所積欠之信用卡債務，以發卡銀行當時與乙女之信用卡契約條款中約定「正卡持卡人得為經本行同意之第三人申請核發附卡，且正卡持卡人或附卡持卡人就個別使用信用卡所生應付帳款，互負連帶清償責任」為由，向乙女請求其前夫甲所負之債務可否？

88年甲乙結婚　乙為女辦理以附甲卡男　92年甲乙離婚　發前卡夫銀甲行所向負乙之女債請務求

解　析

　　首應說明者，發卡銀行與乙女成立的信用卡契約為一定型化契約。實務上，發卡銀行為了與多數消費者訂立契約之便，通常會事先先擬訂一契約供訂締約之用，但因該契約係因由企業經營者（本題中為發卡銀行）所事先擬定，並非係由契約當事人雙方所共同合意訂立，因此為保障消費者不受該定型化契約不利的拘束，立法者特別制定民法第 247 條之 1 以及消保法第 12 條之的規定，用以保障消費者之權益。

　　依民法第 247 條之 1 以及消保法第 12 條規定，若定型化契約條款中，對他方當事人有重大不利益之條款且按其情形顯失公平者，該部分約定無效。本題中，該信用卡條款約定「正卡持卡人得為經本行同意之第三人申請核發附卡，且正卡持卡人或附卡持卡人就個別使用信用卡所生應付帳款，互負連帶清償責任」，就乙而言，此乃係對其有重大不利益之約定，蓋因其

須擔負甲所積欠信用卡費用之風險，有可能使乙負擔比其本身之信用卡債務還要龐大之債務，但是否因此而得謂顯失公平，則須視具體情況而定，倘發卡銀行於訂約當時已向乙明白表示有此條款之約定，則因乙已知此風險之存在，而其在知情之情況下仍願與發卡銀行締結信用卡契約，則可視為乙有願為甲負擔其信用卡債務之意願，故該條款應認並非顯失公平而有效；反之，則應認為該契約條款對乙顯失公平而無效，但契約之其他部分仍有效存在（參民法第 111 條但書）。

　　然就實務而言，縱然在定型化契約條款有正附卡持有人連帶清償之約定，但是契約約定條款內容甚多，條款字體、大小均與其他約定條款無異，消費者於訂約時極易忽略此一條文。再者，信用卡申請書上雖有申請人（即正卡持有人）與附卡申請人簽章欄，但是該欄反而未註明「連帶保證人」或「連帶債務人」等重要性質，致消費者無從預期日後有負連帶賠償責任。因此，本文認為，若發卡銀行已明確地使乙於訂約時明悉有此連帶債務條款存在，則應認乙有承擔此風險之事前認識，此時該條款並不違反民法第 247 條之 1 以及消保法第 12 條規定而有效，此時發卡銀行可據此向乙主張負擔甲之信用卡費用；反之，若發卡銀行於締結信用卡契約時未向乙明白表示有該連帶債務責任條款存在時，該條款因違反民法第 247 條之 1 以及消保法第 12 條之規定而無效，故發卡銀行不得依該條款向乙請求負擔甲之債務。

參考書目

一、中文部分

1. 王伯琦，《民法債篇總論》，作者自版，1958 年二版。

2. 王澤鑑，《民法學說與判例研究第一冊》，作者自版，1998 年。

3. 王澤鑑，《民法學說與判例研究第二冊》，作者自版，1998 年。

4. 王澤鑑，《民法學說與判例研究第三冊》，作者自版，1996 年。

5. 王澤鑑，《民法總則》，作者自版，2001 年 2 月。

6. 王澤鑑，《債法原理第一冊》，作者自版，1999 年 10 月增訂版。

7. 王傳芬，《網路交易法律錦囊》，元照出版公司，2000 年 10 月。

8. 史尚寬，《債法總論》，作者自版，1983 年。

9. 史尚寬，《民法總則》，正大印書館，1980 年三版。

10. 朱柏松，《消費者保護法論》，作者自版，2001 年 11 月增訂版。

11. 林美惠，〈締約上過失及其諸類型之探討——附論民法增定第二四五條之一〉，《月旦法學雜誌》，第 87 期，2002 年 8 月。

12. 林誠二，《民法債編總論》，瑞興書局，1992 年。

13. 邱聰智，《新訂民法債編通則》，輔仁大學法學叢書，2001 年 2 月新訂一版。

14. 洪遜欣，《中國民法總則》，作者自版，1981 年。

15. 胡長清，《中國民法債篇總論》，臺灣商務印書館，1977 年三版。

16. 孫森焱，《民法債編總論（上）、（下）》，作者自版，2001 年 10 月修訂版。

17. 陳信至，〈網路交易是否適用消保法（下）〉、《科技法律透析》，2002 年 7 月。

18. 陳洸岳，〈中斷交涉與締約上過失責任的序論研究〉，《民法研究④》，民法研討會第十四次研討會。

19.黃立，《民法債編總論》，元照出版公司，1990 年 10 月二版。

20.黃立，《民法總則》，元照出版公司，2005 年 9 月四版。

21.黃立主編，《民法債編各論》，元照出版公司，2002 年。

22.黃茂榮，〈締約上過失〉，《植根雜誌》，第 18 卷第 7 期，2002 年 7 月。

23.黃茂榮，〈電子商務契約的一些法律問題〉，《植根雜誌》，第 16 卷第 6 期，2000 年 6 月。

24.梅仲協，《民法要義》，作者自版，1970 年十版。

25.馮震宇，〈論網際網路與消費者保護問題（下）〉，《科技法律透析》，1998 年 7 月。

26.楊淑文，《新型契約與消費者保護法》，元照出版公司，1999 年 8 月二版。

27.劉春堂，《民法債編通則㈠》，三民書局，2001 年初版。

28.鄭玉波，《民法債編總論》，三民書局，2002 年修訂二版。

29.鄭玉波，〈情事變更原則〉，《民商法問題研究㈠》，臺大法學叢書，1980 年。

30.戴修瓚，《民法債編總論》，三民書局，1955 年一版。

31.蘇永欽，〈締約過失責任的經濟分析 —— 從現代交易的階段化談起〉，《臺大法學論叢》，第 33 卷第 1 期，2004 年 1 月。

二、外文部分

1.山田誠一，〈複合契約取引についての覺書〉，NBL485 號。

2.山本豐，〈電子契約の法的諸問題〉，《ジュリスト》，第 1215 號。

3.內田貴，〈IT 時代の取引と民事法制〉，《法律協會雜誌》，第 118 卷第 4 號。

4.北川善太郎，《債權各論》，有斐閣，1999 年 6 月。

5. 杜怡靜,〈電子資金移動における法的檢討──當事者間のリスクの分擔を中心に〉,《留日學人學術論文專輯》, 第九輯, 1998 年。

6. 池田真朗,〈契約當事者論〉, 別冊, NBL51 號。

7. 松本恆雄,〈サービス契約〉, 別冊, NBL51 號。

8. 河野太志,〈電子消費者契約及び電子承諾通知に關する民法の特例に關する法律の概要〉, NBL718 號。

9. 國生一彥,〈インターネット上のライセンス契約に關する法律の概要〉, NBL693 號。

10. 國生一彥,〈電子取引法制整備への各國の取組み（上）（中）〉, NBL697 號。

11. 執行秀幸,〈第三者與信型消費者信用取引における提攜契約關係の法的意義（下）〉,《ジュリスト》, 第 880 號。

12. 曾野裕夫,〈電子取引の法的基盤整備──アメリカにおける取組み〉,《ジュリスト》, 第 1183 號。

13. 遠田新一,《新版注釋民法⒀》, 有斐閣, 1996 年。

民法系列——侵權行為　　郭冠甫／著

　　民法的規範多元且龐雜，經常成為法律初學者的夢魘。本書對於民法中侵權行為之介紹，雖亦有理論層面的研討，但並不刻意強調艱澀難懂、或是爭議繁多的法律見解，而是儘量以實際案例加以說明，期能轉化抽象的法律概念，成為與日常生活充分結合的實用規範，使學生與一般無深厚法學基礎的讀者能夠清楚掌握法學的精義。

民法系列——運送法　　林一山／著

　　本書的內容係植基於廣義的「運送法」概念，以我國民法債編各論第十六節「運送」為主，並兼論及「承攬運送」及「倉庫」的相關部分。本書理論與實務兼具，一方面以生動活潑的案例來引發初學者的興趣，再者系統性且完整性地將相關內容做深入淺出地介紹，對實務工作者處理複雜的案件時，亦能有所貢獻。

民法系列——繼承　　戴東雄／著

　　本書主要內容在說明民法繼承編重要制度之基本概念，並檢討學說與實務對法條解釋之爭議。全書共分四編：緒論、遺產繼承人、遺產繼承與遺產繼承之方法。在本書各編之重要章次之後附以實例題，期能使讀者了解如何適用法條及解釋之方法，解決法律問題，並在附錄提出綜合性之實例題，讓讀者以邏輯推演的方法，解決實際之法律問題。

法學緒論　　劉作揖／著

　　法律，從人與人的相互關係而言，它是社會生活的規範；從國家與人民的相互關係而言，它是國家厲行法治行為的準則；而《法學緒論》一門，則是研究或學習法律的入門課程。本書係作者依據多年的教學經驗及研究心得，以深入淺出的筆法，介紹法學的基本架構、整體理念，使初學者在認識法律規範樣貌的同時，也能培養知法、守法的美德，奠定研習法律的基礎。

商事法　　劉渝生／著

　　本書採用教科書之形式編寫，其內容包括商業登記法、公司法、票據法、海商法、保險法及公平交易法六大部分，而讀者閱讀本書時，可參照六法全書相關之法律條文逐次研讀，則體系及內容更易明確。本書在各章、節後並附有問答題，可測知讀者瞭解程度；亦可作為參加國內各類考試之重點掌握。

案例憲法 (III)（上）（下）——人權保障的內容

李念祖／編著

　　與其他法律學門相比，憲法學更殷切地需要尋找落實人權保障抽象規範的有效方法，憲法解釋則是驗證憲法實用價值的最佳紀錄與佐證。本書透過憲法案例，拼集出司法殿堂中由真人真事交織而成的憲法圖像，對於憲法的生命力從事有系統的巡禮，檢驗出「人」對憲法的需要，以及憲法對「人」的價值。

銀行法　　金桐林／著

　　本書係作者根據實際從事銀行業務及實務之體驗，將現行銀行法分十一章，條分縷析，逐一闡釋立法意旨及精義所在，更索引友邦國家之銀行法規及銀行制度以為參證；其他如相關之貨幣銀行學理論，以及主管機關依據銀行法制定之管理規章，與補充性、解釋性之規定，亦予以介紹。可作為銀行從業人員之參考，大學商、法科學子之補充讀物，以及各界人士準備各類考試之最佳用書。

金融管理法規（上）（下）　　郭土木／著

　　本書對於金融管理法規之論述，在內容方面兼具下列特色：一、範圍力求允宜適中，對於較為常見及適用較普遍的金融管理法規加以論述。二、論述上結合理論與實務，並援引國外立法例之規定。三、依金融管理法律之規定與相關法規命令或職權規定配合，為一併敘述，為提供完整之管理規範全貌，對於實體之作用法令所規定之內容，力求能周延地加以論述。

證券交易法論　吳光明／著

　　本書沿襲歷來既有之立論與基本架構，並就九十五年最新修正之證券交易法以及相關行政命令等，分別予以探討，另亦補充各章節之內容。同時，配合新修正法規之要旨與方向，加入幾篇新文章，諸如：財務報告、有價證券之私募、證券會計師、律師之法律責任、我國獨立董事之新規定等，期能對證券交易學術著作，有所助益。

公司法實例研習　曾淑瑜／著

　　本書以實例導引出各章、節重點，除仍保留系統化之特色外，亦增加思考問題之空間，可供目前對國家考試實例題頭痛之學子於課後練習。在書籍編排上亦將題目列舉於目錄上，讓實務從業者在遇到相關問題時，能迅速從目錄中找到爭議問題之所在並翻閱解答。再版內容收錄了九十四年六月及九十五年二月公司法修正後的條文，資料最新；配合例題演練，更收綜效之功。

公司法論　梁宇賢／著

　　本書除對公司法之理論與內容加以闡述外，並多方援引司法院大法官會議之解釋、最高法院與行政法院之裁判、法院座談會之決議及法務部與經濟部之命令等。另對各家學者之見解、外國法例皆有所介紹，並就我國現行公司法條文之規定評其得失，提供興革意見，俾供公司法修正時之參考，並有助於廣大學子研讀之用。

少年事件處理法　劉作揖／著

　　少年事件處理法是刑法及刑事訴訟法的特別法，也是實體法和程序法熔於一爐的特別法典，它是少年保護事件及少年刑事案件的處理程序及處遇政策，整部法典均以保護少年為依歸。目前國內有關少年事件處理法的專門著作甚少，本書可說是最具代表性及權威性的一本學術論著。全書體系完整、架構嚴謹，可供大學院校作為法律課程之教材，更是有志從事司法公職人員應考必備的第一手資料。

大法官會議解釋彙編　　三民書局／印行

　　近年來，聲請釋憲案件與日俱增，其中大部分均與人民之基本權利息息相關，影響人民生活至為深遠。有鑑於此，本書完整彙編大法官會議第一號至第六一〇號解釋，逐條臚列解釋文及理由書，對解釋內容所涉之法規條號亦作整理，除可讓一般社會大眾查閱及學生學習外，更可供實務界人士研究參考。

商標法論　　陳文吟／著

　　本書新版修訂重心係依據民國九十二年十一月修正施行之商標法條文，坊間業已不乏商標相關論著，部分著作亦配合法條而修訂。作者仍期冀以論理為主軸的「商標法論」，提供讀者另一思考模式。書中除探討法律規範、就其立法緣由多所著墨外，並於多處提出作者個人見解，使讀者於了解我國商標制度之際，思索其相關規範的妥適性。

陪審團審判與對抗式訴訟　　易延友／著

　　陪審團審判與對抗式訴訟是英美法律制度中的兩座標誌性建築。本書從二者之間的關係出發，在歷史的敘述與材料的輯選方面本著「擇焉雖精而語焉猶詳」的原則，對陪審團審判制度的起源與發展進行細緻的梳理，對該制度在歐洲大陸移植與變遷的過程進行理論的分解，對其在英美近現代的傳播及其與英美證據法的關係進行深入刻畫與剖析，並對其最新變化與未來走向進行展望。

行政法導論　　李震山／著

　　本書論述內容除尊重以行政處分為中心之既有研究成果外，並強烈呼應以人權保障為重心，重視行政程序的現代行政法學思緒。因此，除傳統行政法議題之介紹外，行政指導、行政契約、行政計畫、行政資訊公開等皆有所著墨。對於公務員法制則特別分成數章個別探討，期望在揮別「特別權力關係」時代之後，能激發從事行政實務工作者之自我權利主體意識，進而重視行政法之研究。